i

Inseln

Zuflucht
Träume
Einsamkeit

Eine Sammlung von Texten und Bildern aus der Offenen Schreibwerkstatt der Universität des Dritten Lebensalters Göttingen

Zusammengestellt von Ruth Finckh, Manfred Kirchner und den Autorinnen und Autoren dieses Buches

Buchgestaltung:
Helga Margenburg, Ruth Finckh, Birgit Heymann,
Petra Koslowski, Samira Belmonte, Martina Scheible
und Manfred Kirchner

November 2020

Die Anthologie entstand im Rahmen der von
Dr. Ruth Finckh geleiteten Offenen Schreibwerkstatt an der
Universität des Dritten Lebensalters (UDL) Göttingen.

Herstellung und Verlag:

BoD – Books on Demand, Norderstedt

ISBN: 9783752689303

Illustrationen und Bilder lt. Bildunterschrift

Die Bilder von Adrienne Lochte sind in der
Malschule von Irene Pregizer entstanden.

Umschlagbilder
Titelseite: Adrienne Lochte nach einem Foto von Håkon Tanberg
Rückseite: Samira Belmonte

Bild: Manfred Kirchner

Ölinsel **Trauminsel** CORONA-INSEL

Kindheitsinsel **Ruheinsel** *Zwergeninsel*

Nachbarinsel **Nordseeinsel** Scheininsel

NEBENINSEL *FELSENINSEL* **RINGINSEL**

Seifenblaseninsel

Kykladeninsel Geisterinsel Solo-Insel

Bohrinsel EIBSEEINSEL **Zimmerinsel**

Dorneninsel *Lieblingsinsel* Urlaubsinsel

Inhaltsverzeichnis

Bild: Die Trauminsel   Samira Belmonte

Sehnsucht

Ich bin eine Insel,
an die keine Welle schlägt.
Mein Herz flattert wie schwarze Möwen,
aufgescheucht vom Nichts.
Nur die Sonne lacht unentwegt auf einen Boden,
der vor Trockenheit reißt.
Ich möchte einen Wind atmen,
der über den Strand fegt und den Sand hebt.
Ich möchte eines dieser Körner sein,
ein blasser Stein von vielen,
im Spiel der Lüfte
und nie allein.

Adrienne Lochte

Kindheitsinseln *Helga Margenburg*

Oft denke ich an meine Kindheit zurück, die geprägt war von einem einfachen Leben. Meiner Schwester und mir reichten ein Ball, ein Holzreifen und eine Puppe zum Spielen. Unser Spielplatz war die Straße, der nahe Wald, der Bach und die Wiese, die zu unserem Haus gehörte. Wir Kinder spielten gefahrlos draußen. Es gab fast keine Kontrollen durch die Erwachsenen. Wir lebten frei und doch behütet in unserem kleinen Dorf, wo jeder jeden kannte, abgeschottet von der nächsten Stadt, so wie eine Insel vom Festland. Manchmal wurde die Wiese zu einer Insel, meiner Insel, auf die ich mich zurückzog um zu träumen. Flugreisen waren noch unüblich in der Nachkriegszeit, aber ich hatte davon gehört, dass man irgendwann fremde Länder bereisen könnte.

Ich lag im hohen Gras, dessen Halme über meinen Kopf reichten, und dachte, dass, wenn ich niemanden sehen konnte, ich auch nicht gesehen würde. Ich schaute den kleinen weißen Sternen der Pusteblumen hinterher, die der Wind forttrug. An jedes Sternchen hängte ich meine Träume und ließ mich mitnehmen in eine andere Welt, selbstvergessen, ohne Zeitgefühl. Auch wenn ich mich in die getrockneten Kegel aus Heu kuschelte, dessen Geruch ich sehr liebte, war ich für niemanden mehr sichtbar – dachte ich. In den 1950er Jahren sang Caterina Valente „Ich grüß meine Insel im Sonnenlicht, das sich silbern und hell im Morgen bricht" und Harry Belafonte

3

„Island in the sun". Die Schlager handelten von fremden Sternen, Palmen und braunen Hütten am flimmernden, weißen Meeresstrand, und ich ließ mich von exotischen Namen wie Bahamas, Jamaica, Tahiti oder Hawaii verzaubern. Nichts ersehnte ich mehr, als auch einmal solch ein Paradies zu sehen, denn das war es in meiner Fantasie. Dass sich meine Träume sehr viel später wirklich erfüllen würden und ich sogar selbst auf einer Insel leben würde, ahnte ich damals nicht. Es war eine ostfriesische Insel in der Nordsee, Norderney, und sie war von grauem Wasser umgeben und nicht von blauem oder türkisfarbenem wie in der Karibik oder Südsee, aber sie wurde mir lange Jahre zur Heimat.

Schon lange ist unsere Wiese nicht mehr unsere Wiese. Nach dem Tod der Eltern wurde sie verkauft. Inzwischen stehen Häuser darauf, und andere Kinder spielen jetzt dort, wo wir einst spielten. Ob sie auch ihre kleinen Inseln finden?

In den Jahren meiner Kindheit besaßen wir keinen Fernseher, und unsere Mutter führte keinen Terminkalender für meine Schwester und mich. Auch besaßen wir nur wenige Bücher, und wenn die ausgelesen waren, fingen wir wieder von vorne an. Sie waren für mich so wertvoll, dass ich sie noch heute besitze. Wir hatten auch nur zwei Kleider, eins für werktags und eins für sonntags, trotzdem waren wir zufrieden; wir hatten keine großen Wünsche, weil wir gar nicht wussten, was es alles gab, das man sich hätte wünschen können.

Die Winter waren lang und kalt, damals. Es gab noch richtig viel Schnee, und wenn wir vom Schlittenfahren durchgefroren nach Hause kamen, wartete Mutter mit einer Tasse heißen Kakaos auf uns. Die Betten in unserem ungeheizten Zimmer wärmte sie mit einem Ziegelstein an, den sie in den heißen Kohleofen der Küche gelegt und in Zeitungspapier gewickelt hatte. Kleine kuschelige und warme Inseln inmitten der großen, kalten Welt dort draußen.

Alle Geburtstage wurden mit der gesamten Familie gefeiert. Dass jemand fehlte, gab es nicht. Die Großeltern und Eltern, die Onkel und Tanten, Vettern und Cousinen sowie meine Zwillingsschwester und ich saßen gemeinsam an einem langen Holztisch in Oma und Opas großem, aber dunklem Wohnzimmer. Auf dem Tisch eine von Oma selbst bestickte, weiße Decke, darauf das gute Porzellan mit dem Goldrand und das schwere Silberbesteck mit den langen Griffen, das wir Kinder mit unseren kleinen Händen kaum halten konnten. Auch an Weihnachten versammelte sich die ganze Familie um diesen Tisch, darauf lagen dann die Geschenke für alle, aber sie waren mit eben dieser Tischdecke verhüllt, und die wurde erst abgenommen, nachdem Opa die Weihnachtsgeschichte vorgelesen und mein Vater Weihnachtslieder auf dem Klavier gespielt hatte.

Schon lange sitzt niemand mehr an diesem Tisch, die Stühle sind leer. Aber in meiner Erinnerung ist er noch da, dieser Tisch, umgeben von einer Flut von schweren Möbeln und dichten Vorhängen, die das Zimmer noch dunkler machten als es bereits war. Noch heute kann ich an Weihnachten die sonore Stimme meines Opas hören und sehe meinen Vater am

Klavier. Er spielt leise Lieder in einer lauten Zeit.

Rückblickend war meine Kindheit sehr glücklich, wir lebten wie auf einer kleinen Insel, behütet und sorglos, umgeben von einem Meer aus Liebe und Geborgenheit. Die Kraft, die wir hier tanken konnten, half uns später so manches Mal, die Prüfungen des Lebens zu bestehen.

Jahrzehnte trennen mich inzwischen von meiner Kindheit, aber die kleinen Ruheinseln sind noch lange nicht untergegangen, auch wenn sie vom Erwachsensein überspült wurden. Wenn ich die Augen schließe und an all die Menschen denke, die schon lange nicht mehr leben, denen ich aber so viel zu verdanken habe, kann ich diese Inseln wiederfinden, ganz tief in mir.

Eismeer

Ich stehe auf einer Scholle aus Eis
meine Füße schmerzen
doch kann ich nicht fort von hier

Ich suche nach anderen
die mich befreien
Sie stehen genau wie ich und frieren

Bewegen kann ich mich nicht
denn eisiges Wasser umspült mein Ich

Vergeblicher Blick in die Ferne
Sehnsucht nach Wärme und Licht

Kein Schiff taucht am Horizont auf
das uns rettet
und in wärmere Länder trägt

In diesem Wasser kann ich nicht schwimmen
doch lass ich mich treiben
muss ich im Eismeer untergehen

Petra Koslowski

Letzte Inseln

Ruth Finckh

Nicht mehr lange, sagen die mit den weißen Kitteln. *Vielleicht braucht sie noch ein Morphiumpflaster.* Sie schauen ernst auf den Monitor am Fußende meines Betts. Als wüsst ich nicht, wie es steht. Aber mit mir reden sie nicht. Sie glauben, ich kriege nichts mehr mit. Ich versuch ja, zu sprechen. Immer wieder! Aber irgendwie formt mein Mund keine Worte mehr. Dabei bin ich doch noch da. Mist.

Jetzt hab ich wieder Kopfschmerzen und dann kommt gleich diese dröhnende Müdigkeit. Wie ein graues, alles verschlingendes Meer. Müde ...

Das Meer macht Platz. Eine Grasinsel zwischen Steinen, unten am Fluss. Gustelchen ist bei mir. Ich soll auf sie aufpassen, sie ist doch noch so klein. Wir bauen Türme aus den runden Kieseln, aber die Türme fallen immer wieder zusammen. Da heulen die Sirenen. Ich packe Gustelchen, hebe sie hoch und renne zum Bunker. Sie schreit wie am Spieß, sie hat ihren grauen Teddy verloren. Ich helfe ihr schnell, ihn aufzuraffen. Im Bunker ist es dunkel und stickig, aber wir haben es geschafft. Was wird aus den Kaninchen, wenn die Bomben fallen? Ich lege mich auf den Boden. Müde, müde.

Ein Sonnenfleck unter dem Zwetschgenbaum hinten im Garten. Ich sitze auf der Wiese, halte Berti im Arm und stille ihn. Das sanfte Ziehen in der Brust, das Summen der Bienen in den Zwetschgenblüten. Grünlichblass sind die Blüten und gar nicht so üppig wie Kirschblüten, aber die Bienen mögen sie trotzdem. Wir werden im Herbst Pflaumenmus kochen. Edgar kommt und legt den Arm um mich. So ist er sonst nicht. Aber jetzt schaut er ganz verliebt auf seinen Sohn. Einmal hab ich es ihm recht gemacht. Das ist gut. Gustel ruft, sie hat Essen gemacht. Das Leben ist schön. Aber ich muss schlafen.

Edgar steht im Flur und schreit mich an. Schreit und schreit. Sein blaukariertes Hemd, das hab ich gestern erst gebügelt. Sein aufgerissener Mund, die zuckende Ader auf seiner Stirn. Er hebt die Faust. Ich will hier weg. Weg! Ich rufe das Meer. Es kommt, grau und freundlich. Mein Meer. Es steigt, es spült das Schreien weg. Es spült Edgar weg. Es ist warm.

Das graue Wasser weicht zurück vor Plätzchenduft. Es ist Weihnachten, das kann ich riechen. Wir sitzen am Küchentisch, Berti und Tina und ich. Tina ist hochschwanger und ich darf, ganz vorsichtig, die Hand auf ihren Bauch legen. Die Latzhose ist prall gespannt. Gustel kommt rein, sie will auch mal. Wir lachen alle zusammen und essen Plätzchen. Die guten Mandelmakronen nach Omas Rezept. Edgar sitzt in der Ecke und liest Zeitung. Er sagt, er mag keine Plätzchen und kein Weibergekicher. Aber ich weiß, dass er nachher heimlich vom Teller naschen wird. Ich lege noch einmal die Hand auf die runde Latzhose und spüre das Strampeln, und Tränen steigen hoch. Es sind gute Tränen, warm wie mein graues Meer.

Wir stehen am Grab auf dem Waldfriedhof. Die Erde klingt hohl auf dem Sargdeckel, welkes Laub fällt dazu. Ich halte einen Strauß Astern in der Hand und kriege kalte Füße. Der Pastor redet irgendwas, das ihn anscheinend selber langweilt. Edgar ist tot und jetzt sind wir Angehörige. Muss ich nun traurig sein? Ich bin traurig, irgendwie, aber eigentlich auch froh.

Berti ist gekommen, mit Tina. Sie stehen ganz verloren vor meinem Bett und lassen die Arme hängen. Sie glauben, ich versteh sie nicht, deshalb sagen sie nichts. Aber Jenny ist auch da. Sie redet mit mir und erzählt von ihrem Studium und hängt bunte Bänder in die Krankenhausgardine. Das ist gut.

Jetzt fehlt noch Gustel. Gustel kommt, mit Rollator und allem. Sie lacht und weint. Und dann legt sie mir ihren grauen Teddy aufs Bett, unseren Kinderteddy von damals. Er ist weich und warm wie mein Meer. Es gibt keine Bomben mehr. Nie mehr. Nun darf das Wasser steigen.

Insel verkehrt

Tautropfen auf
dem trockenen Blatt
des Frauenmantels am Morgen:
Insel verkehrt, ein Spiegel
der neugeborenen Welt.

Ruth Finckh

Foto und Fotoeffekte: Manfred Kirchner

Karfreitag, 30. März 2018, 6 Uhr. Frühmorgendunkel. Frühlingsfeindlich kalt. Die Luft noch etwas schneedurchwirkt. Nieselregen mit Potenzial zu stärkeren Güssen.
Eiserne Lastkähne gleiten über den Wund-See. Zur Dorneninsel hinüber. In den Booten dreißig Personen, schwarzregenschutzgekleidet. Tragen Pechfackeln. Schweigen. Stille. Nur das Klatschen der Ruder und das Ächzen der Riemen.

Die „Erinnerungswerkstatt", eine Initiative zur Erforschung politischer Verbrechen während der Naziherrschaft, vom Bildkünstler Cäsar Hartleeb ins Leben gerufen, hat auch in diesem Jahr Zeit und Art der Überfahrt zur Dorneninsel dem zu erinnernden Ereignis genau angepasst.

Am Karfreitag, dem 30. März 1945, ebenfalls um 6 Uhr früh, haben Männer in den furchterregenden Uniformen des Todes in denselben oder ähnlichen Booten 17 jüdische Zwangsarbeiter auf die Dorneninsel gebracht und sie dort ermordet. Das Massaker gehört zu den Endphasenverbrechen Anfang 1945, die an vielen Orten vor allem von der SS begangen wurden.

Der 30. März: ein düster böses Datum in der Geschichte der Stadt, deren Bevölkerung erst vor drei Jahren sehr krass – für viele Bewohner sicher unangenehm – aus dem Gedächtnisschlaf geweckt wurde. Niemand von ihnen wusste vorher – angeblich – etwas von dem grausamen Geschehen, das sich auf dem See unweit ihrer Stadt ereignet hatte. *Ist doch schon so lange her. Muss man das denn immer wieder aufwärmen? Un-*

ruhe verbreiten? Vor allem: Was haben wir denn noch damit zu tun?

Henner Kowarcz, ein nach dem Krieg in der Stadt hängen-gebliebener SS-Rottenführer – von Haus aus Katholik, als SS-Mann aus der Kirche ausgetreten, in den 50er Jahren wieder in ihren Schoß zurück – hat sich vor drei Jahren kurz vor seinem Krebstod in einer lebensspäten Beichte Pater Rupert Vesper SJ gegenüber als Mittäter des grauenerregenden März-Verbrechens geoutet. Vesper hat sehr lange an Kowarcz´ Krankenbett gesessen und ihm beichtvatergeduldig zugehört; wobei er jedoch mehr und mehr zwischen pastoraler Zuwendung und zornerfüllter Abneigung gekämpft hat. Das, was ihm mit atemschwerer Stimme stoßweise stückweise offenbart wurde, hat ihn an den Punkt geführt, dem Beichtenden die Lossprechung zu verweigern. Um das Verbrechen jedoch einem nach seiner Meinung noch immer erforderlichen Strafverfahren zuzuführen, hat er die Absolution davon abhängig gemacht, dass Kowarcz vorher ein detailliertes Schuldbekenntnis vor einem Staatsanwalt abgeben müsse. Da dieses angesichts der Todesnähe des SS-Mannes sehr schnell zu erfolgen hatte, hat Vesper das Verfahren selber in Gang gesetzt; obwohl er nicht wenige Staatsanwälte kannte, die kaum an der juristischen Verfolgung längst verjährter Naziverbrechen interessiert waren; dies oft mit der Überlastung durch aktuelle Strafrechtsfälle begründet. Ein junger, hörbar linksorientierter Anklagevertreter hat sich jedoch sofort mit dem Fall befasst.

13

Und im harten Gegensatz zu vielen SS-Schergen, die über sich und ihre Taten Unwahres erzählt haben, hat Kowarcz im Verhör brutal offen und präzise über das Dorneninsel-Massaker ausgesagt. Die korrekte Vernehmung und die der privaten Beichte folgende eidesstattliche Aussage haben das Karfreitags-Drama vom März 1945 auch öffentlich gemacht. Nach dem Tod des SS-Mannes, kurz danach, wurde das Verfahren jedoch eingestellt.

Kowarcz hat nach dem Krieg eine Büroangestellte des Steinbruch- und Straßenbauunternehmens Klacke geheiratet und wurde auch schnell dessen Büroleiter. In diesem Unternehmen wurden in der Nazizeit für den staatsseitig geforderten und geförderten Straßenbau und die dafür erforderlichen Steinbrucharbeiten auch jüdische Häftlinge aus näheren und entfernten KZ-Lagern beschäftigt. Vor allem im Steinbruch mussten diese, von der SS bewacht und brutal angetrieben, oft bis zur totalen Erschöpfung arbeiten und ihr Leben unter antimenschlichen Bedingungen fristen.

Klacke wusste um die Situation der jüdischen Zwangsarbeiter, nahm dieses aber – angeblich um gefährliche Widersprüche zu vermeiden, in Wahrheit aber aus egoistischem Interesse – in Kauf; nur wenn die Kräfte der Zwangsarbeiter zu sehr nachließen oder mehrere von ihnen erkrankt ausfielen, was zwangsläufig zu Verzögerungen führte, intervenierte er beim Lager-Kommandanten. Im Gegensatz zu Klacke versorgte seine christlich-human gesinnte Frau die jüdischen Sklaven in ihren Steinbruch-Baracken heimlich mit zusätzlichem Essen und Trinken und auch mit Verbandszeug und einfachen Medikamenten. Das alles jedoch ohne Wissen und auch gegen den Willen ihres Mannes.

Viele der anfangs 43 Häftlinge sind an Krankheit, Erschöpfung, auch aufgrund von Misshandlungen gestorben; die Überlebenden mussten oft wegen geringster Vergehen, vor allem wegen nicht erfülltem Soll, stundenlang nackt in der eiskalten Werkhalle ausharren, einige wurden vom SS-Obergruppenführer Hanke, dem krankhaftfanatischen Lagerkommandanten, ausgepeitscht, nicht selten auch *aus purer Mordlust wie Wild abgeknallt.* So Kowarcz in seiner Aussage.

17 am Ende Übriggebliebene wurden in der berüchtigten März-Nacht 1945 auf der Dorneninsel ermordet, ihre Körper verbrannt und bis zur Unkenntlichkeit zerstört und verscharrt.

In der nebligen Frühe der Tage nach Ostern wurde die Massengraberde am Ort des Massakers von Mitarbeitern der Firma Klacke festgestampft und die Stelle mit schweren Steinplatten belegt. Zur totalen Auslöschung der Menschen sollte es keine Grabstelle geben. Der Befehl kam wieder vom SS-Obersturmführer Hanke, dessen Sadismus und Brutalität selbst den SS-harten Kowarcz abgestoßen hatte, wie auch die von ihm als sinnlos verurteilte Liquidation der Juden.

So jedenfalls in dessen Bekenntnis.

Die Steinplatten wurden schon bald danach durch eine halbmeterdicke Betondecke ersetzt, die auch jetzt noch den gesamten Platz überspannt.

Knut Vernow, Stuka-Flieger, seinerzeit wegen seines sturzflugverursachten Asthmas inaktiv, wohnte nicht weit vom Seeufer entfernt. Wegen seiner Luftnot an Schlaflosigkeit leidend, saß er nachts oft am offenen Fenster. Wie er später erzählt hat, hatte er in der Nacht des 30. März 1945 geglaubt, von der Insel her blechzerreißendes Schreien zu hören. Weil dieses schnell wieder verstummt und einem lachenden Grölen gewichen war, hatte er angenommen, dass die Hilferufe spaßeshalber geschehen waren. Auf den Gedanken, dass sich auf der Insel etwas Unheimliches ereignet haben könnte, war er nicht gekommen. Wie er auch hierüber bis zum offen geführten Kowarcz-Prozess geschwiegen hat.

Damals drangen keine Hilferufe zum Festland hinüber, sondern nur stumme dumpfe Schreie, die niemand hören konnte, und die auch die Mörder nicht hören wollten, diese deshalb schnell per Kopfschuss erstickten mit grölend lachenden Kommentaren.

Sie haben den Tod bereits lebend abgebüßt. So einige der letzten Worte Kowarczs zu der Lebens- und Arbeitssituation der jüdischen Häftlinge.

Die Boote legen an der Nordseite der Insel an. Die dunkle Prozession setzt sich in Gang. Ein schmaler kaum ausgetretener Pfad, von dichten Dornenhecken umklammert, führt auf eine Lichtung; die quasi eine Insel auf der Insel bildet. Ein runder Platz, auf dem es jahrzehntelang Sonnenwendfeier und Johannesfeuersprung gab.

Wenn der verdammte Kowarcz früher das Maul aufgemacht hätte, wären unsere Johannisnächte nicht auf dieser Platte erfolgt. Wenn ich daran denke, dass wir dabei auf dem Totengrab getanzt und unsere Feuersprünge gemacht haben, zieht sich jetzt noch meine Kopfhaut zusammen!
Flüstert Erwin Semmler in sich hinein.

Feuerdorn, Rotdorn, Kreuzdorn, Schwarzdorn, Berberitze, Stechpalme, sogar große Dornenbäume, von denen die Insel fast vollständig bedeckt ist und wovon sie ihren Namen hat, sind derart eng ineinander verwachsen, dass es kein Durchkommen gibt, selbst für Igel, auch für einige Vögel nicht.

Weshalb die engstehenden Dornenbüsche bei den Johannisnachtfeiern fast so etwas wie „Garanten der Keuschheit" waren. Obwohl einige Liebestolle auch schon mal schmerzhaft in einem der „Dornröschenbüsche" hängengeblieben sind. Diese Art Liebesleiderfahrung haben jene Feuersprungmutigen nicht gemacht, von denen die Johannisfeuerzusage baldiger Heirat schnell in die Realität umgesetzt wurde. *Wie Hubert Holzhausen, der sich schon nach dem ersten Nachkriegs-Johannis mit Bärbel Provinsky verlobt und sie dann auch schnell geheiratet hat. Darauf haben die beiden der Welt sechs prachtvolle katholische Kinder geschenkt, wie die Orgelpfeifen aneinander.* Erinnert Lutz Weber.

Jetzt ist der Platz eine Totenstätte. Siebzehn zerbrochene Steinplatten im Kreis. Senkrecht auf der Betonplatte festverankert. Ohne Namen. Nur Nummern. Das Einzige, was Kowarcz von den Toten kannte.

Die Prozessionsgruppe verteilt sich rings um die Steinplatte. Rabbi Cohn, von der Jüdischen Gemeinde des Landkreises, spricht das Kaddisch, das Totengebet der Juden:

... ein Reich erstehe ... in euren Tagen und im Leben ... des ganzen Hauses Israel ... schnell und in nächster Zeit ... sprecht: Amen! Amen! Die Antwort im Chor.

Ein Schüler des Wilhelm-von-Humboldt-Gymnasiums der Stadt liest ein Gedicht von Nelly Sachs:

... Wir Geretteten, immer noch hängen die Schlingen um unsere Hälse gedreht ... vor uns in der blauen Luft. – Immer noch füllen sich die Stundenuhren mit unserem tropfenden Blut ...

Cäsar Hartleeb und der Schauspieler Hans Vallendar vom Theater der Landeshauptstadt lesen im Strophenwechsel und mit verteilten Rollen aus den Staatsanwalts-Protokollen Details der Kowarcz-Aussagen:

Kurz vorm Ende des 2. Weltkrieges
Die US-Armee ist nähergekommen.
Geschützdonner, Bombenexplosion.

17 jüdische Zwangsarbeiter
aus dem Ausweichlager eines KZs
haben Jahre im Steinbruch Klacke
unter antimenschlichen Bedingungen
geschuftet, gehungert, gedurstet, gefroren.

SS-Obersturmführer Hanke,
der Lagerkommandant,
lehnt wegen der nahen Front
den Weitertransport der Häftlinge ab.

18

Kurzdialog der SS-Mannschaft:
Wann soll'n die endlich weg?
Hanke will Liquidation, bevor die Amis ...
Was soll diese Metzelei bringen.
Kostet nur Munition.
Kennst doch Hanke!
Morgen wird alles aufgelöst
Rückzug weiter nach Osten
Scheiße!
Jetzt erst?
Ja, jetzt!

Die 17 jüdischen Zwangsarbeiter werden am frühen Morgen des 30. März 1945 ermordet, zerstückelt, verbrannt, ausgelöscht.
*Das Verbrechen erfolgt auf der Dorneninsel. Kaum mehr betreten. Für die SS **der** Ort für ihr Massaker.*
Noch heute im Ohr das Knarren der eisernen Kähne, auf deren Boden die Opfer gekettet knien.
Auf einer baumfreien Stelle werden sie, unter SS-Prügeln gezwungen, eine Massengrube auszuheben.
Eine Grube, von Wurzeln starrend.

Sie ließen sich töten wie Schlachtvieh. So Kowarcz. Ein Häftling aber, todesgewiss, verletzt mit dem Spaten einen SS-Mann schwer. Will sich darauf in den See stürzen. Bleibt aber in den Dornen hängen. Zur Vergeltung wird er von Hanke selbst mit einem Dornenast so lange blutig geschlagen, bis er tot ist. Danach werden alle Häftlinge, splitternackt, unter Kolbenhieben hineingejagt in ihr Grab. Dann durch Nackenschüsse getötet, einige Kugelserien nachgeknallt. Zitiert Kowarcz eiskalt seine Mordkameraden.
Vorher Schreie aus tiefster Todesangst. Menschen schreien nach Menschlichkeit. Vergeblich.

19

Ihre Leichen werden,
mit Benzin übergossen,
sofort verbrannt;
dabei einige Dornen-Sträucher.
Ein Krematorium unter freiem Himmel.
Das Feuer mit Ölzeug nachgefüttert,
brennt stundenlang infernalisch heiß
die Totenkopfschergen wenden
die Feuertoten mit Ästen
wie auf einem Grill – hat Kowarcz gesagt
bis die Leichen total verkohlt sind.
Auf das Verkohlte noch Säure gegossen,
ein Fluss- und Salpetersäure-Gemisch.
Das Menschgewesene total vernichtet
das nicht Identifizierbare verscharrt.
Namenloses Leben restlos ausgelöscht.

Im Boden der Todessenke Asche, Knochensplitter, Knöpfe, Gebisse, nichts weiter.
Die hungerdünnen Jacken, Hosen, zerschlissenen Arbeitsschuhe mitverbrannt.
Es bleiben aber Fußspuren im Sand. Fußspuren der Opfer. Fußspuren der Täter.
Ewigkeit dauernd.

Ein Student der Geschichtswissenschaft liest einen Text von Hannah Arendt, der in dem Satz gipfelt: *Das größte begangene Böse ist das Böse, das von Niemandem begangen wurde, das heißt, von menschlichen Wesen, die sich weigern, Personen zu sein.*

Pater Rupert Vesper, ordensbestraft in die Provinz versetzt, spricht ein nicht autorisiertes, brutales Schuldbekenntnis der katholischen Kirche, das den meisten Anwesenden sichtbar unter die Haut geht. Weder von der Sankt-Christophorus-Basilika noch von der lutherischen St. Martins-Gemeinde ist jemand erschienen. Die Trauerfeier wie auch die Erinnerungswerkstatt wurden halt von einem kirchenfremden Künstler ins Leben gerufen, weshalb die christlichen Geistlichen sich nicht an diesem profanen Requiem beteiligen.

Wir müssen der Asche dieser Menschen gedenken. Wobei wir fragen: Asche als Menetekel ähnlicher, künftiger Gewalt?
So die Trauergemeinde im Chor. Danach bleiben alle Teilnehmer mehrere Minuten schweigend stehen, bevor sie mit den Booten die Insel verlassen.

Das im Osten aufgetauchte Morgenlicht lässt die Äste und Zweige der Dornenbäume wie Scherenschnitte erscheinen.

Foto: Birgit Heymann

21

Inselmeere

Für P.S.

1.

Wie Schwemmholz
an deine Ufer gespült
Du nahmst mich auf
in deine Hütte
die von innen
so viel größer wirkte

In deinen Feuern
verglüh ich
Dein Gesicht bemalst du
mit meinem Ruß

Sieht jemand
das Leuchtfeuer?

2.

In deinen Augen brennt es
Leuchtfeuer
die mich zu deinen Ufern führen
wenn Wellen mich
niederdrücken
ich den Atem verlier

3.
Wie das Meer
umspannst du meine Insel
sprengst meine Hafenblockade
dringst in mich ein
zündest Leuchtraketen
in meiner Hauptstadt

4.
Ich hafte an deinen Fingern
wie Algen an Felsen
in der Brandung

Umspült vom Meer
stehst du auf dem Boden
meiner Tatsachen

5.
Die Wellen
über uns
wir versinken
beieinander

Das Ufer fern
wie die Sonne
an meinem Horizont

Lisa Neumann

Darauf hatte sich Erich schon lange gefreut. Bei der letzten Probe des Chores, in dem er seit mehreren Jahren begeistert sang, hatte ihm einer der Baritone von Baltrum, von dem „Dornröschen der Nordsee" vorgeschwärmt. Endlich war er die lange Strecke über die Sauerlandlinie, über das Kamener Kreuz, vorbei an Münster und Oldenburg, durch Aurich hindurch zunächst bis nach Dornum gefahren. Dort hatte er sich den Schlosspark und die kleine Kirche angesehen, die zu Recht als besonderes Kleinod angepriesen wird. Dann nur noch eine kurze Strecke bis nach Nessmersiel, wo die Fähre nach Baltrum bereits am Pier lag, der den Beginn der weit ins Wattenmeer hinausgebauten Hafenmole bildete. Sein Auto gab Erich in die Obhut eines Bauern, der einen Teil seines Hofes als Parkplatz gegen Entgelt zur Verfügung stellte, weil Baltrum seit jeher eine autofreie Insel ist.

In einem weiten Bogen fuhr die Fähre westwärts dicht am Ende der Nachbarinsel Norderney vorbei, an dem Seehunde sich ausruhten und ein vor Jahrzehnten auf dem Sand gestrandetes Schiff als Wrack vor sich hin rostend Jahr für Jahr tiefer im Sand versank. Dann drehte die Fähre nach Nordosten und steuerte auf den kleinen Inselhafen von Baltrum zu. Aus einem Container, dessen Nummer er sich in Nessmersiel eingeprägt hatte, holte er seinen Koffer heraus und zog ihn hinter sich auf dem Weg zu dem kleinen Häuschen, das abseits des Dorfkerns sich zwischen zwei Dünen duckte.

Der Weg führte dicht am Heller vorbei, über den Erich weit

24

über das Wattenmeer sehen und in der Ferne das Festland erkennen konnte. Keine Autogeräusche waren zu hören, nur Gesprächsfetzen vieler Menschen, die wie er den Weg entlanggingen. Plötzlich rissen Pferdegetrappel und der Gesang einer männlichen Stimme Erich aus seinen Gedanken. Als er sich umblickte, sah er einen von zwei schweren Kaltblütern gezogenen offenen Pferdewagen. Etwa acht Menschen ließen sich von einem Kutscher fahren. Der war es, den Erich singen hörte.

„Gute Fahrt", rief Erich den Menschen auf der Kutsche zu.

„Können Sie auch haben", rief einer von ihnen zurück. „Buchen Sie eine Inselrundfahrt bei Lohmann, Haus 25."

Der Kutscher schien von all dem keine Notiz zu nehmen und ließ sich nicht stören in seinem Gesang. Es klang wie ein Shanty.

„Wohin fahren Sie?", fragte Erich den, der ihm geantwortet hatte.

„Keine Ahnung", kam es fröhlich zurück. „Wie lassen uns überraschen."

„Hoffentlich weiß es der Kutscher", meinte Erich scherzhaft.

„Nee, den Eindruck haben wir nicht", konnte Erich noch die Antwort verstehen. Dann war die Kutsche an ihm vorbeigefahren.

„Wer ist der singende Kutscher, der Inselrundfahrten macht?", fragte Erich den Wirt, als er nach dem Abendessen im „Seeblick" noch an der Theke lehnte und einen doppelten

Korn herunterkippte.

„Das war bestimmt Bolko Lohmann", antwortete der Wirt.

„Der singt aber nicht immer. Meistens starrt er nur stumm vor sich hin oder hält Selbstgespräche."

„Erklärt er nicht den Kurgästen, was sie bei der Rundfahrt sehen können?", fragte Erich.

„Nee, der snackt nur so vor sich hin", antwortete der Wirt. „Keiner versteht, was er meint. Er antwortet auch nicht, wenn man ihn danach fragt."

„Einer der Kurgäste vermutete, Bolko sage auch nicht, wohin er fährt", bohrte Erich weiter.

„Nee, das weiß er wohl selbst nicht", lachte der Wirt. „Er ist nun mal ein bisschen ...." Anstatt den Satz zu vollenden, tippte sich der Wirt seitlich mit einem Zeigefinger an die Stirn.

„Ist das nicht für die Kurgäste riskant?", fragte Erich besorgt.

„Och nee", wiegelte der Wirt ab. „Kutsche fahren kann er, und den Weg to Hus finden die Pferde immer, und friedlich ist er auch, nur eben ... Er hat nun mal nichts Richtiges gelernt. Schon in der Schule tat er sich schwer. Lesen und Schreiben kann er fast gar nicht. Seine Eltern haben ihm dann beigebracht, Pferdewagen zu fahren. Mit dem sollte er den Kurgästen das Gepäck vom Schiff in die Pensionen oder zurück bringen. Aber das klappte nicht, weil er sich die Adressen nicht merken konnte und manche Gäste ihre Koffer daher erst nach langem Suchen viele Stunden verspätet bekamen. Als das nicht besser wurde, hat ihn Hinrich Ollersen, der bei uns Brennstoffe verkauft, Kohle und Holz ausfahren lassen. Aber als er mehrfach die Kohle, weil er die Adresse nicht mehr wusste, einfach vor irgendein Haus gekippt und das Holz in irgendeinem Vorgarten gestapelt hatte, ging das auch nicht mehr. Das Einzige, was man ihm noch zutraute, war, den Müll auf die Müllkippe der Insel zu fahren, die im Osten auf dem Heller liegt. Den Müll holte er in Säcken ab, die die Bewohner vor ihre Häuser stellten. Aber da er sich nicht merken konnte, welche Straßen er schon befahren hatte, blieben vor vielen Häusern die Müllsäcke liegen, so dass die Bewohner sie selbst zur Kippe bringen mussten. Es gab so viel Knies, dass Bolko auch diese Arbeit verlor. Das verstand Bolko nicht, denn er hatte doch den Müll, den er auf seinem Wagen hatte, immer bei der Müllkippe abgeliefert. Eine schwere Zeit war das für Bolko, bis er eines Abends in der Kneipe „Sturm-Eck" in eine Gruppe Insulaner geriet, die schon eine Menge Korn zu sich genommen hatte. Einer von ihnen sagte laut zu Bolko:

„Zum Müllausfahren magst du ja zu blöd sein. Aber für die Kurgäste reicht das doch vielleicht."

„Jo, dat mach wol sin", meinte Bolko, und seitdem fährt er Gäste über die Insel. Keiner weiß im Voraus, wie lange und wohin er fahren wird. Aber das nehmen alle als eine liebenswerte Schrulligkeit der Insel ebenso hin wie Bolkos Schweigen und, wenn ihm danach ist, sein gelegentliches Singen auf dem Kutschbock.

„Welche Lieder singt er, und woher kennt er die?", fragte Erich.

„Bolko ist Mitglied im Shantychor der Insel", erläuterte der Wirt mit amüsiertem Grinsen. „Lesen und Schreiben und vieles andere kann er zwar nicht. Aber Lieder, die er einmal gehört hat, merkt er sich und kann sie singen. Im Shantychor der Insel ist er gern gesehen, weil ihm das Singen offenbar viel Freude macht und er immer guter Laune ist. Darum steht er, wenn der Chor auftritt, immer in der ersten Reihe, und die Zuhörer sind begeistert, wenn er sich bei jedem Applaus so glücklich verbeugt, als gelte der Beifall nur ihm. Und so ist das wohl auch."

„Morgen buche ich eine Inselrundfahrt", lachte Erich. „Vielleicht habe ich ja Glück, und Bolko singt."

Bild: Adrienne Lochte

28

Trist an das Meer

Trist an das Meer
denkt Isolde
sollt Isolierte sein
senkte gern sich versunken
trunken an Tristan
der fern mehr als nah

Verschwommen erinnert
an Wangen und Knochen
ich komme, versprochen
hat er's. Gebrochen
das Herz und die Wellen
wie feuchte Lappen
schwappen
trist an das Meer

Jonas Richter

Dreifacher Mord an den Fährfröschen am Eibsee!

Claudia Liersch

Rana Ponto (Rani), der Chef der Fährfrösche schildert seine Erlebnisse exklusiv für die „Wurzelige Zwergenpost":

Bild: Tobias Liersch

Wie jeden Tag stand ich kurz vor Sonnenaufgang auf und machte mich auf den Weg zur Fährstelle. Jeden Morgen ist es für mich immer wieder überwältigend zu hören, wie die Vögel im Wald ihr Morgenlied anstimmen und meine Nachtschichtkollegen einen wunderschönen, dreistimmigen Kanon dazu singen. Dieses liebreizende Quaken in der blauen Morgendämmerung ist so berührend und gleichzeitig erquickend. Solch eine euphorische Begrüßung des neuen Tags entzückt meine Sinne, gibt mir Kraft und weckt gute Laune.

Doch an diesem Morgen, es war exakt der Tag nach dem Vollmond im August, war alles anders!

Die Vögel krächzten zwar wie immer, aber kein lieblicher Kanon war zu hören. Statt perliger Tautröpfchen wanderte eine unheimliche Stille über meine grünwarzige Froschhaut, die sich vor lauter Angst zusammenzog. Um diese Zeit sind selten Eulen und andere Räuber unterwegs. Dennoch, mit allen Sinnen spürte ich, etwas war ganz und gar nicht in

Ordnung! Ganz vorsichtig und behutsam hüpfte ich so lautlos wie möglich zur Fähranlegestelle. Meine Augen rollten nach rechts und nach links – dann sah ich sie. Alle drei Nacht-schichtkollegen lagen in ihrem Blut, grässlich entstellt, so dass es mir wirklich übel wurde. Trotz des gruseligen Anblicks überwand ich mich, rüttelte an ihnen, prüfte ihren Puls. Es war nichts mehr zu machen. Ich quakte so laut ich konnte los, um meine Froschgemeinde aufzuwecken und ihnen mitzuteilen, dass sie sich verstecken sollten, während ich zur Zwergeninsel schwamm, um Hilfe zu holen.

In der Froschgemeinde bin ich bekannt. Seit zwölf Jahren leite ich erfolgreich unser stattliches Fährunternehmen am Eibsee in der 426ten Generation. Unsere Hauptkundschaft sind die Zwerge. Sie lieben die Eibseeinsel. Wir bieten Tages-ausflüge, Rundfahrten zur und um die Insel. Die einsamen Buchten mit ihren weißen Sandstränden, das türkisblaue Wasser, die großen Tannen mit den Wurzelhäusern und die Felsen, die malerisch das Ufer sprenkeln, vermitteln ein para-diesisches Flair. Neben Fährdiensten bieten wir auch Sport-kurse wie Froschhüpfen von Seerosenblatt zu Seerosenblatt oder seit dieser Saison Seerosenblatt-Paddeln für die Zwerge an. Der Zwergenkönig Pirmin der 308te und sein Cousin Rooty haben mich außerdem für Sprachkurse im Sommer-camp engagiert. Seit vielen Jahren bringe ich den Zwergen mit einigen Assistenten unsere liebliche und klangvolle Sprache bei. Besonders die für die Nichtmuttersprachler so schwieri-gen, unterschiedlichen Tonarten vermittele ich den Zwergen mit sehr viel Inbrunst und Liebe zum Detail.

Mein Freund Rooty war zum Sommercamp auf der Insel. Ich wusste, Rooty war mein Freund. Er würde mir helfen können! Sofort bin ich los. Mein Herz war so schwer, dass ich fast nicht in der Lage war, zu schwimmen und zu hüpfen. Und meine Gedanken kreisten! Wer mordet meine Mitarbeiter, lässt ihre Leichen liegen und frisst sie nicht mal auf? Ich war wütend, hatte Angst und war sehr, sehr traurig.

Rooty erwartete mich schon. Es stellte sich heraus, dass er ebenfalls eine schlechte Nachricht hatte. Im Inselcamp war eingebrochen worden. Das ist doch wirklich nicht fassbar, wer überfällt Schülerinnen und Schüler in ihrem Sommercamp! Das ist uferlos gemein! Ich konnte nicht anders mein Leid ausdrücken als in einem schwermütigen Klagelied. Das Leben ist manchmal hart und grausam. Meine Schallblase blähte sich so auf, dass ein urtrauriger Klagequaker entstand. Der leidvolle Ton mit seinem satten Timbre ging allen durch Mark und Bein und trieb auch dem toughesten Zwerg Tränen in die Augen. Hoffnung keimte in mir auf, als Rooty mit seinen Freunden versprach, uns Fährfröschen zur Seite zu stehen. Das hat mich sehr stolz gemacht.

Ein Zwerg aus den schweizerischen Alpen, ein exzellenter Spurensucher, fand anhand der Bisse und Tritte zusammen mit Rooty heraus, dass uns Mauswiesel, auch Hermännchen genannt, überfallen haben. Das erklärt, warum sie meine Kollegen nicht aufgefressen haben. Mauswiesel mögen uns nicht. Wir schmecken ihnen wohl nicht gut genug. Der Wurzel sei Dank dafür! Um so mehr beschäftigte alle die Frage nach dem

Warum? Selbst die Zwerge hatten keine erklärende Antwort für dieses Desaster. Erst die von uns allen geschätzte Hummel Rita hat Rooty mit einem entscheidenden Hinweis weiterhelfen können.

Meine drei Fährfrosch-Kollegen, die über acht Jahre bei uns im Unternehmen beschäftigt waren, die immer trainiert haben, damit ihre Froschschenkel muskulös waren und sie gute Zeiten schwimmen konnten, die nie gestreikt haben, die immer vorsichtig und umsichtig die Seerosenblätter mit den Passagieren gezogen haben, mussten sterben aufgrund einer hysterischen, eitlen Zwergin!

Diese dumme Kuh hat einen Wilderer beauftragt, ein Hermännchen zu töten. Dazu noch eines mit wunderhübschem, kuscheligen, weißen Winterfell. Warum? Damit sie sich einen Pelzmantel schneidern lassen kann. Das ist unfassbar. Deswegen mussten drei unschuldige, treue Fährfrösche ihr Leben hergeben.

Die Hermännchen wollten Rache, und meine Kollegen waren zur falschen Zeit am falschen Ort. Sicherlich waren sie unendlich tapfer und wollten mit ihrem Leben verhindern, dass diese Raubtiere auf die Insel gelangten und die Zwerge überfielen. Für mich sind sie Helden! Rooty, unser Freund, hat mit seinem Spezialistenteam den Fall aufgeklärt. Die Zwergin sitzt hinter Gittern und wartet auf ihre Verhandlung. König Pirmin der 308te entschädigte daraufhin großzügig die Hinterbliebenen meiner Mitarbeiter. Die Hermännchen werden ebenfalls vor das Zwergengericht gestellt. Die Gemeinde der Frösche am Eibsee schätzt das Engagement der Zwerge und ihr Streben nach Gerechtigkeit.

Am kommenden Vollmond werden wir mit einem großen Froschkonzert unserer verstorbenen Freunde und Kollegen gedenken. Dazu wird Rooty am Fährhafen ein Mahnmal für das Attentat enthüllen. Eine Gedenkwurzel für unsere Helden wird am Eingang des Fährhafens immer an sie erinnern. Ich hoffe, er wird in seiner Rede die Strafe, die diese einfältige Verursacherin der Katastrophe bekommt, deutlich benennen. Zu diesem Ereignis und dem anschließenden fulminanten Konzert, das über einhundert Frösche in vier Sätzen mehrstimmig quaken werden, sind die Zwerge aus dem ganzen Reich herzlich eingeladen.

Wir behalten unsere geschätzten, tapferen Kollegen für immer im Herzen. Die Fährfrösche in meinem Unternehmen werden nicht nachtragend sein, ihre Arbeit ab sofort wieder aufnehmen und die Zwerge, wie immer, sicher zu ihrer wunderschönen Lieblingsinsel im herrlichen Eibsee übersetzen, allerdings mit Gefahrenzuschlag.

1.128 km   *Julia Lubschik*

1.128 km, so weit ist deine Insel von meiner entfernt. Jeden Tag sehe ich dein Gesicht eingerahmt in meinem Bildschirm, verziert von roten, weißen, grünen Sonnenstrahlen.

Deine tiefe Stimme, der melodische Akzent rauscht gebrochen durch meine Lautsprecher. Geduldig versuche ich dem zu folgen, was du mir eigentlich sagen möchtest, doch die Verbindung auf meiner Insel bricht immer wieder ab.

Ich schlüpfe in meine goldene Laufhose, passend zu dem rot-schwarzen Oberteil, die Farben meiner Insel. Im bläulichen Licht, das aus den schwarzen, viereckigen Rahmen strahlt, begleitet mich die perfekt blonde, nie schwitzende Sportlerin im Live-Workout. Bald schon werden sich die bunten Grenzen zwischen unseren Inseln wieder öffnen und dann werde ich bereit sein.

1.128 km, 9 Tage und 17 Stunden zu Fuß ist deine Insel von meiner entfernt, und ich würde jeden einzelnen Schritt gehen, um deine Insel mit meiner zu verbinden.

An den Ufern meiner Insel

Ich sitze auf meiner Insel
– es tobt um mich herum –
hilflos wie ein Kapitän
auf sinkendem Schiff.
Sehe die riesigen weißen, aufgeblähten Segel auf mich zurollen,
donnernd, quietschend, knirschend,
ungebremst an meine Insel krachend.
Weiße Massen türmen sich
– großen eisigen Schaumbergen ähnelnd –
auf meinen Ufern hoch,
schieben sich an mir vorbei
und versperren mir die Sicht
auf der Suche nach rettender Hilfe.
All diese Kapitäne mit ihren vollen Kähnen
verschwimmen und schwimmen auf mich zu.
Das rettende Ufer meiner Insel
ist ihr oberstes Ziel
– die Manifestation ihrer Beute,
jedoch die Legitimation ihres Beutezuges entbehrend.
Weiter hinten im aufgewühlten Meer
spielen sich Szenen ab
wie zu Zeiten Elisabeths der Ersten:

Ein Seekrieg, Kaperungen und Raubzüge,
mit klapprigen Kähnen und aggressiven Mannschaften.
Ich sitze auf meiner Insel
und höre das Keifen, das Streiten und Brüllen,
aber auch verzweifeltes Jammern und Wehklagen.
Spüre die Armada dieser Freibeuter auf mich zusegeln,
mit weißen Schätzen und weißgoldenem Geschmeide.
Wahre Schatztruhen werden vor mir ausgebreitet,
dabei im Siegestaumel vergessend,
dass nur ich im Tausch gegen Dukaten
ihnen ein kleines weißes Fähnlein reichen kann,
das sie vor Kerker bewahrt.
Ich sitze auf meiner Insel
und warte, dass einer von diesen Piraten
mir die Corona übergibt ...

Gewidmet Karin Preuss, Kassiererin bei Edeka in Rosdorf, so wie all ihren
KollegInnen in stürmischen Zeiten, Rosdorf in Zeiten von Corona,
25. März 2020.

Gabriele Gaba Weis

Rot ist die Kant Helga Margenburg

Der freistehende Felsen aus rotem Buntsandstein, die Lange Anna, ist das Erste, was aus dem Seedunst auftaucht, als sein Schiff endlich die Insel erreicht. Anlegen kann man dort nicht. Die Passagiere werden von den Börtebooten der Fischer an Land gebracht. Auch August Heinrich wird die Insel auf diese Art betreten. „Hoffentlich geht es gut", denkt er, als er sieht, wie die kleinen Boote von den Wellen hin und her geworfen werden. Er ist noch ganz steif und klamm von der feuchten Seeluft, die während der nahezu dreistündigen Überfahrt ab Cuxhaven durch alle Ritzen des betagten Dampfschiffs gedrungen ist. Es war stürmisch, das Schiff schaukelte, und die Aussicht auf die dunkelgraue, tosende Nordsee war wahrlich keine Freude.

Doch jetzt ist er endlich angekommen auf diesem Stückchen Erde, das sich mitten in der Nordsee aus den Fluten erhebt, und er wird nicht enttäuscht. Das Land ist frühlingsgrün, die felsige Küste braunrot und der Sand ist cremeweiß. Er ist begeistert.

Es ist das Jahr 1841.

Hier will er sich ein wenig erholen nach den Querelen, die er mit seinen „Unpolitischen Liedern" heraufbeschworen und mit denen er die preußische Regierung so verärgert hat, dass ihm schließlich nur die Flucht in dieses Exil geblieben ist. Endlich möchte er eine Ruheinsel in sich selbst finden, so hofft er, aber er weiß auch, dass ihm das nur schwerlich gelingen wird, denn seine Gedanken drehen sich immer nur um eins: ein freies, deutsches Vaterland. Nichts wünscht er sich mehr. Dass ihm wegen seines nationalistischen Gedankengutes nur ein Jahr später der Entzug seiner Professur bevorsteht und unruhige Wanderjahre folgen werden, ahnt er nicht.

Bereits während der Überfahrt ist er Gleichgesinnten begegnet, mit denen er die politischen und gesellschaftlichen Zustände des Landes diskutieren konnte, und die er hier wiedertreffen wird. Es gibt ein Konversationshaus, das für Zusammenkünfte ideal ist. Repressalien wird er bei seinen Treffen nicht befürchten müssen, da ist er sich sicher, denn zu diesem Zeitpunkt ist die Insel britisch, also Ausland. *Welch ein Land! Kein Soldat, kein Gendarm, kein Vogt, kein Magistrat. Nicht einmal ein bisschen Polizei.* „Ach Gott", denkt er und seufzt, „solch eine kleine Insel und solch eine bewegte Geschichte. Erst die Dänen, jetzt die Engländer, wer weiß, was noch kommt. Gut, dass es mit dem Schmuggel nicht mehr so schlimm ist wie früher."

Hier auf Helgoland herrscht Hochseeklima und es ist stürmischer als auf den anderen Nordseeinseln, aber das ist gut so. Der heftige Wind wird dafür sorgen, dass sein Kopf wieder frei wird. Die Gedanken an Minna, für die er mehr als Freundschaft empfindet, die ihn jedoch zurückgewiesen hat, wird der Wind hoffentlich wegpusten. *Nicht Berg' und Meere trennen mich, mich trennt ein Wort von dir ...* In seinem Inneren weiß er, dass er auf dieses Wort vergeblich warten wird, trotzdem wechseln seine Gefühle noch immer wie Ebbe und Flut. Nun, er wird sich künftig fest auf die Literatur konzentrieren, sich der deutschen Philologie widmen, dann wird die *Freundschaft Immergrün* zu seiner Herzensdame irgendwann von selbst ausblühen und vertrocknen.

„Ich muss Jacob wirklich dankbar sein, dass er mich ermutigt hat, Philologe zu werden. Das Theologiestudium in Göttingen war in der Tat nicht das Richtige für mich. Und auch nicht die Archäologie und die Arbeit in Breslau und in den Niederlanden." Nachdenklich streicht er sich das lockige Haar zurück, das ihm der Wind immer wieder ins Gesicht bläst.

„Ich bin jetzt 43 Jahre alt", überlegt er, „und was hab ich bis jetzt zustande gebracht als ein paar unpolitische und politische Lieder, Gedichte, Studenten- und Kinderlieder? *Bienchen summ herum*, *Alle Vögel sind schon da* und *Ein Männlein steht im Walde*, das will heute niemand mehr hören, wo doch die Zustände in Deutschland geradezu Kritik herausfordern."

Schnell hat er das kleine Fischerhaus gefunden, in dem er für einige Monate eine bescheidene Kammer mit Verpflegung gemietet hat. „Ah, da sind Sie ja. Sie sind bestimmt der Herr Hoffmann von Fallersleben. Wie geht es Ihnen? Wie war die Überfahrt?", sprudelt Frau Janssen, die Wirtin hervor, ohne seine Antwort abzuwarten. „Sie scheint Ihnen zugesetzt zu haben, Sie sind ja ganz blass um die Nase, gnä' Herr. Ich mache Ihnen erst mal eine Tasse Tee. Tee hilft immer – auch wenn es englischer ist", fügt sie lächelnd hinzu, streicht über ihre Schürze und geht in die Küche, wo auf dem Kohleofen bereits das Teewasser kocht. Später erfährt Heinrich August noch, dass sie auf die Einnahmen aus der Vermietung angewiesen ist, weil ihr Mann und ihre beiden Söhne auf See geblieben sind, obwohl sie ein gutes Boot hatten, eines von denen, mit denen die Helgoländer den Hummer fangen, der rund um die Insel reichlich vorkommt. „Aber das Meer ist eben unerbittlich. Das holt sich die, die es holen will. Nicht nur Menschen, auch Teile unserer Küste hat es sich schon geholt." Sie sieht, wie Hoffmann fragend die Augenbrauen hochzieht und beruhigt ihn: „Aber seien Sie ohne Sorge, uns passiert schon nichts, und der Langen Anna ebenso wenig, die ist ein echter Fels in der Brandung, die kann nichts umwerfen. Übrigens war vor ein paar Jahren schon mal ein Schreiberling hier auf Helgoland", fährt sie fort, um das Gespräch in eine andere Richtung zu lenken. „Heinrich Heine hieß der, aber den mag ich nicht, der hat schlecht über uns Insulaner geschrieben."

„Warum denn das?"

„Der hat gesagt, dass das Meer wie Kuchen riecht."

August Heinrich schmunzelt und behält für sich, was er über Heine und die Juden denkt. „Ganz bestimmt hat er an einen sehr schmackhaften Kuchen gedacht", sagt er stattdessen, „vielleicht an einen englischen Teekuchen oder eine Friesentorte mit Rum. Die Helgoländer haben doch schließlich friesische Wurzeln, nicht wahr?"

Über drei Wochen lebt Hoffmann von Fallersleben nun schon auf der Insel. Inzwischen hat sich die Männerrunde aufgelöst, die Gleichgesinnten sind nach Hannover zurückgefahren. Er vermisst sie und auch den Gedankenaustausch. Man ist sich ja oft auf dem kleinen Eiland begegnet.

Der 26. August ist ein besonders windstiller, sonniger Tag, August Heinrich ist nun allein mit seinen Gedanken und er beschließt, auf dem schmalen Weg über die steilen, roten Klippen auf dem Oberland entlang zu spazieren. Von hier hat er einen grandiosen Ausblick: unter ihm das grüne Unterland, das Meer und die kleine Nebeninsel, die Düne, auf der

Kegelrobben träge im weißen Sand liegen, und über ihm der fast wolkenlose Himmel, der hin und wieder von schreienden Möwen durchschnitten wird. In einiger Entfernung der bullige Leuchtturm, der auch ihm den rechten Weg zu weisen scheint, und der nur aus Stein, Kupfer und Eisen besteht, ohne brennbares Baumaterial, so hat Frau Janssen es ihm erzählt.

Auf dem Felsen sitzen Trottellummen und sonnen sich. Es sind viele, eine ganze Kolonie. Die Küken haben sich schon vor einigen Wochen todesmutig ins Meer gestürzt, aus vierzig Metern Höhe. Das sei einzigartig, hat Frau Janssen ebenfalls berichtet. Sie würden von den Altvögeln hinuntergelockt und an Nahrungsgründe im Meer herangeführt, die viele Kilometer entfernt liegen. „Der Sprung der Jungvögel ins Wasser hört sich gefährlich an, doch nur selten stirbt einer der Vögel dabei", hat sie wörtlich gesagt, und das beruhigt ihn irgendwie. „Junge Vögel, die freiwillig in die kalte Nordsee springen, das ist wirklich einzigartig, darüber könnte man eine nette Geschichte schreiben", denkt er. „Außerdem haben sie Mut zum Risiko. Warum nicht auch die Menschen in Deutschland?"

Er bleibt stehen und lässt seinen Blick zur Langen Anna schweifen. Dieser freistehende Fels war das Erste, das er bei seiner Ankunft gesehen hat, und es kommt ihm vor, als sei es erst gestern gewesen. Die Brandung der Nordsee ist sanft, nur schwache weiße Schaumkronen rollen ans Ufer. Tief atmet er die reine, jodhaltige Luft ein, die seine Lungen kräftigt und seine Gedanken beflügelt, die nur eine Richtung kennen: ein freies Land, eine geeinte, fortschrittliche deutsche Nation. Das ist, was er mehr als alles andere herbeisehnt, mehr noch als seine verlorene Liebe zurückzugewinnen.

Er setzt sich auf den kahlen, roten Felsen, nimmt seinen Notizblock und einen Bleistift aus seiner Jackentasche und beginnt, die Zeilen niederzuschreiben, die ihm Herzenswunsch sind: *Deutschland, Deutschland über alles. Über alles in der Welt.*

Es ist, als ob seine Gedanken wie von selbst den Stift führen. Und während er wie in einem Rausch schreibt, hofft er inständig, dass die Insel bald wieder deutsch wird. Ein deutsches Reich von der Maas bis an die Memel und noch weiter und eine deutsche Einigkeit als Bollwerk gegen feindliche Angriffe, das ist, was er ersehnt. Er ist zufrieden mit dem, was er geschrieben hat und nennt es das *„Lied der Deutschen"*. Den Text wird er gleich morgen seinem Verlegerfreund Campe in Hamburg zukommen lassen. „Danke, Jacob", murmelt er vor sich hin. „Ohne dich wäre ich nie nach Helgoland gekommen. Und ohne dich hätte ich nie den Entschluss gefasst, mich künftig ganz der Germanistik zu widmen. Danke, Jacob Grimm!"

Dass Helgoland später von Kriegen gebeutelt und schließlich wirklich wieder deutsch wird, erlebt er nicht mehr. Er wäre stolz, zu wissen, dass sein *„Lied der Deutschen"* sogar zur deutschen Nationalhymne wird, auch wenn die Nationalsozialisten den Text der ersten Strophe mit *„Deutschland, Deutschland über alles"* im Sinne ihres Herrschaftsanspruchs auslegen. Aber sein Text lebt weiter und 1991 wird die dritte Strophe mit *„Einigkeit und Recht und Freiheit"* zur heutigen Nationalhymne.

Aus einem Trümmerhaufen ist ein modernes Seebad entstanden, das man heutzutage mit einem Katamaran bereits in einer Stunde ab Cuxhaven erreichen und auf dem man zollfrei einkaufen kann.

August Heinrich von Fallersleben wurde ein Denkmal gesetzt auf der Insel, von der man sagt: *Grün ist das Land, rot ist die Kant, weiß ist der Sand – das sind die Farben von Helgoland.*

Bild: Samira Belmonte

Land in Sicht

Rauschender Regen umhüllt
zwischen wallenden Wellen
das schaukelnde Schiff
in den Fängen des Sturms.
Verloren und einsam,
ein winziger Punkt
inmitten des Meers.
Die Mannschaft
hegt Hoffnung und
fürchtet Verzweiflung;
ein Tauziehen der Temperamente.

Dann endlich,
ein Lichtstrahl von fern,
ein seidener Schimmer
in der endlosen Nacht.
Und schließlich tönt
aus dem Krähennest
der rettende Ruf:
„Land in Sicht!"

Alexandra Grupe

Trauminsel

Dort liegt sie
am Abend
verträumt und
hell
im warmen Sonnenlicht
zwei Häuser, ein Schuppen, ein Boot
leicht plätschern Wellen
auf Felsgestein

Dort würd' ich gern sein
kein Auto, kein Flugzeug
kein Schiffsmotor
still
ein abendlicher Traum
bei einem Glas Wein
mit dir auf der Terrasse
im Sonnenschein

Dort mit dir liegen
träumen unterm Sternenhimmel
auf der Milchstraße wandern
weit
kein fremdes Licht
in der Dunkelheit
konkurriert mit des
Mondes Schein

Dort würd' ich gern gehen
früh morgens mit dir
im taufrischen Gras
barfuß
dem Gesang der Vögel
dem Wind in den Föhren
lauschen und träumen
von allen Zwängen befreit

Du tippst mir leicht
auf die Schulter
streichst
sanft
über mein Haar
flüsterst mir ins Ohr
wir müssen jetzt gehen
zum Abendbuffet
an Bord im
Schärengarten vor Stockholm

Manfred Kirchner

Bild: Manfred Kirchner

Der Ausflug

Adrienne Lochte

Du bist da. Ich kann's kaum glauben. Bitte, komm rein. Und schau nicht so erschrocken, ich sitze schon lange im Rollstuhl. Nein, es ist nicht so, dass ich mich daran gewöhnt habe, na ja, vielleicht doch, nach all den Jahren. Hat dir niemand von meiner Krankheit erzählt? Egal, das ist jetzt nicht so wichtig. Komm rein. Ich bin so froh, dass du da bist. Wenn du magst, kannst du deine Jacke da neben den Spiegel hängen, und dann geh einfach geradeaus durch ins Wohnzimmer. Verlaufen kann man sich hier nicht, wie du siehst.

Ja, ich habe nur für uns zwei gedeckt, aber bitte, lauf nicht weg, das wäre unfair. Ich könnte dir nicht schnell genug hinterherrollen. Gut, es war auch nicht fair von mir, dich zu belügen. Eine Geburtstagsparty ... mir ist einfach nichts anderes eingefallen, um dich herzulocken. Offenbar gehst du immer noch gern auf Partys, das war schon damals so. War ja auch kein Wunder. Die Männer sind auf dich geflogen wie die Bienen auf den Nektar. Tun es wahrscheinlich immer noch, auch wenn du verheiratet bist und Kinder hast.

Sorry, was rede ich denn da! Tut mir leid! Ich bin einfach so aufgeregt, dass ich gar nicht merke, was ich da rede. Und dabei muss ich mit dir reden, also wirklich reden. Bitte! Es ist mein einziger Wunsch. Du kannst mir das größte Geschenk überhaupt machen, und es ist ja immerhin mein 50. Geburtstag.

Oh je, du bist ja fast starr vor Schreck! Dabei erwarte ich nichts von dir. Wirklich gar nichts. Nicht einmal eine Antwort auf die Frage, die mich seit damals jeden Tag umtreibt. Wahrscheinlich weißt du nicht einmal, um welche Frage es geht, obwohl ich mich oft frage, ob du dir umgekehrt nicht dieselbe Frage stellst. Eigentlich kann ich mir überhaupt nicht vorstellen, dass es bei dir anders ist. Oder ich möchte es mir lieber nicht vorstellen.

Setz dich doch. Und bedien dich, wenn du magst. Ich war mir nicht sicher, ob du immer noch so gerne Puddingschnecken isst. Hab sie aber besorgt, schon aus Erinnerung an damals. Weißt du noch, in den Pausen sind wir oft zum Bäcker gelaufen, um uns diese Teile zu holen. Und wenn wir in dem Laden warten mussten, kamen wir zu spät zum Unterricht. Du warst da immer ganz cool, aber ich wär' oft schon am liebsten ohne Schnecke zurückgerannt. Aus lauter Schiss vorm Lehrer. Weiß gar nicht, ob du gemerkt hast, was für ein Hosenschisser ich war. Ich wollte jedenfalls nie, dass du es merkst.

Wie lange das alles her ist. Wann haben wir uns das letzte Mal gesehen? Vor über 30 Jahren, meinst du? Es sind 31 Jahre und 247 Tage. Also, seit wir uns verabschiedet haben. Drei Tage danach. Du willst keine Puddingschnecke? Das tut mir leid. Ah, schön, dass du dir doch eine nimmst. Und magst du Kaffee? Prima. Kannst du ihn dir selber einschenken? Und mir auch? Ich bin immer etwas zitterig. Und jetzt erst recht.

Denkst du manchmal daran? Ich seh dich noch genau vor mir. Am Strand. Ich hab mich so frei gefühlt. Das Abi geschafft, und jetzt, nur mit dir, meiner besten Freundin, im Urlaub. Für mich war es tatsächlich das erste Mal, dass ich ohne meine Eltern verreist bin. Und dann noch ins Ausland. Endlich einmal nichts tun, nur Spaß haben. Wir brutzelten in der Sonne, na ja, ich hab mich mit meiner blassen Haut meist unter dem Schirm verkrochen und war ganz neidisch, weil du so schnell braun geworden bist. Ehrlich gesagt, nicht nur deswegen. Du hattest einfach eine tolle Figur, auch wenn du ständig gejammert hast, dass du zu dick warst. Totaler Blödsinn. Ich kam mir neben dir jedenfalls immer wie ein Brett vor. Ein schmales, zerbrechliches, blondes Brett. Und du sahst schnell aus wie die südländischen Frauen um uns herum. Nein, besser, viel besser. Die Blicke der jungen Männer am Strand zeigten es, und als die beiden, deren Namen ich verdrängt habe – ist das nicht unfassbar ... verdrängt, vergessen, als könnte oder wollte ich dem Ganzen keinen Namen mehr geben – also als die beiden sich bei uns niederließen und in den folgenden Tagen nicht mehr abzuschütteln waren, dachte ich, dass beide natürlich nur wegen dir bei uns waren.

Es war mir aber auch egal. Ich fand sie ganz nett, das war's. Und bei dir war's doch genauso, das sagtest du zumindest. Ich fand, der eine sah sogar ganz gut aus, sein Freund war weniger mein Fall. Irgendwie hatte der etwas leicht Grobes. Aber wie gesagt, es war nicht so wichtig. Die beiden waren einfach eine angenehme Abwechslung, zwei Einheimische, die wussten, in welches Lokal man gehen konnte, um den üblichen Touristenschuppen zu entgehen, die in den Kneipen wie alte Freunde begrüßt wurden und so auch bedient wurden. Und wir mit ihnen. Stell dir vor, ich fühlte mich sogar ein wenig beschützt. Wahrscheinlich, weil sie die fremde Sprache sprachen, und ich dadurch das Gefühl hatte, mehr von allem mitzubekommen. Außerdem waren sie ganz galant, nicht wahr? Wir haben uns zwar nicht von ihnen zum Essen einladen lassen, aber ein Eis durften sie uns hin und wieder spendieren. Der Gutaussehende hat ja auch ganz gut Badminton gespielt.

Meistens mit dir, du warst besser als ich.

Im Nachhinein habe ich mich oft gefragt, wie es dann zu unserem Ausflug gekommen ist. Wahrscheinlich ganz beiläufig. Es hatte sich so ergeben und war nach den gemeinsamen Tagen eigentlich nichts Besonderes. Oder ist es doch etwas anders gewesen? Hattet ihr euch schon ohne mich verabredet, und ich habe dann nur noch zugestimmt? Vielleicht, als ich an dem Abend im Lokal auf der Toilette war? Manchmal ist mir so, als wäre ich nicht von Anfang an dabei gewesen, aber ich kann mich täuschen. Vielleicht will ich mich damit dem Ganzen aber auch nur ein wenig entziehen, was feige wäre und sowieso nichts ändern würde. Oder vielleicht doch?

Ich muss jedenfalls zugeben, dass ich mich schon ein wenig geschmeichelt gefühlt habe, als die zwei uns mit dem schicken Boot im Hafen abgeholt haben. Immerhin bekamen wir einen Ausflug geboten, den die anderen Touristen nicht machen konnten, und das ganz umsonst. Du warst ganz aufgeregt vor Freude, konntest nicht schnell genug an Bord springen und hast gleich alles neugierig inspiziert. Ich habe nur einen kurzen Blick in die Kajüte geworfen und mir dann an Deck einen Platz gesucht. Dort saß ich und beobachtete, wie die beiden Jungs das Tau lösten und wir langsam aus dem Hafen glitten.

Und dann traf es mich wie ein Schlag. Ein Gefühl, so beängstigend und bedrohlich, dass ich kaum noch atmen konnte, so übermächtig, so bedrängend, dass ich kurz davor war, aufzustehen und einfach über Bord zu springen. Ich war in Gedanken schon dabei, zurückzuschwimmen, als mich das Lachen aus meiner Halbwelt riss. Einer der Jungen, es war der leicht grobe, zeigte auf meine Hände, die ich zu Fäusten geballt hatte und schien sich köstlich zu amüsieren. Einen Moment war mir auch sein Lachen zuwider, doch dann fing ich an, mich zu schämen. Was war ich nur für ein Hosenschisser. Ich sah zu dir hinüber, und du winktest mir fröhlich zu.

Sorry, ich bin so eine miserable Gastgeberin. Du hast noch nicht einmal von der Schnecke abgebissen und deine Tasse ist immer noch voll. Obwohl ... ich hatte schon geahnt, dass es so werden würde. Es tut mir leid. Es tut mir wirklich leid, dich hier so sitzen zu sehen. Und ich bin dir dankbar, dass du nicht einfach aufspringst und gehst. Ich werde es nun auch kurz machen, auch wenn die Zeit auf der kleinen Insel die längste meines Lebens war.

Keine Ahnung, wie lange wir dort wirklich waren. Eine Stunde, zwei Stunden oder mehr? Ich sah immer wieder rüber zur Yacht. Sie war zu weit entfernt, dich hören zu können, euch hören zu können. Ich wollte schreien, aber es wäre nutzlos und albern gewesen. Dafür brüllte er, wenn ich es nicht so tat, wie er wollte, als ich mich nicht vor ihn in den Sand knien wollte, als ich mich danach übergeben musste, als ich wimmerte und flehte. Nur am Ende lachte er, als ich mich wie besessen im Meer wusch.

Und du? Du saßest neben dem Groben an Deck, als wir wieder zurück aufs Boot kamen und hast mich nicht einmal angeschaut. Keiner hat etwas gesagt. Ich habe versucht, in deinem Gesicht zu lesen, um darin irgendwas von dem zu finden, was mit dir auf dem Boot geschehen war, während ich auf der Insel mein erstes Mal durchlebt habe. Ich habe nach Schrecken, nach Verstörung, nach irgendetwas Entsetzlichem gesucht ... und fand nichts. Seitdem bist du meinen Blicken ausgewichen.

Natürlich hast du mich angeschaut, als ich dich gefragt habe, ob wir nicht zur Polizei gehen sollten – da hast du die Augen aufgerissen und wütend abgewiegelt, eine Anzeige für komplett unsinnig erklärt. Als wir unsere Sachen packten und stundenlang gemeinsam im Zug verbracht haben, hast du mir auch hin und wieder einen Blick zugeworfen, der aber nichts als das Alltägliche enthielt. Und jetzt schaust du wieder nur auf deinen Teller.

Tatsächlich bist du ja auch gar nicht gekommen. Ich habe es mir nur vorgestellt. Nie würde ich es wagen, dich mit einer Geburtstagsparty zu mir zu locken.

Du weißt doch, ich bin ein Hosenschisser.

Bild: Adrienne Lochte

Videokonferenz auf BigBlueButton

Ich schau dich an
im kleinen Fenster,
das inselhaft schwimmt im Big Blue.
Es ist schön, dich zu sehn.
Aber du
drehst den Kopf weg, denn du
schaust mich an
im kleinen Fenster,
das inselhaft schwimmt im Big Blue.
Ich wende den Blick.
Ich seh mich nicht und dich nicht –
die Kamera nur
am Rande des Bildschirms. Denn ich
will, dass du weißt, dass
ich
dich
seh.

Ruth Finckh

Abschied *Edgar Schulz*

Der Leuchtturm strahlte in dieser sternenklaren Sommernacht wie eh und je sein Licht in dem ihr so sehr vertrauten Rhythmus aus. In den vielen, schönen Jahren, in denen Hermi hier unterhalb des Leuchtturmhügels im ehemaligen Funkdiensthaus auf Norderney mit ihrem Lebensgefährten Frido gelebt hatte, standen beide sehr oft bei klarer Sicht direkt am Leuchtturmsockel, um das sich drehende Lichtbündel aus nächster Nähe bewundern zu können. Wie ein Sternenkranz zogen die Strahlen über den Turm hinweg. Frido, der Neffe des letzten Leuchtturmwärters, hatte das Diensthaus mit dem großen Dünengrundstück drumherum in den frühen 60er Jahren nach der Aufnahme des automatischen Leuchtturmbetriebes vom Land Niedersachsen kaufen können. Nach Hermis Umzug auf die Insel in das alte Haus am Leuchtturm, weit draußen vom Inselort entfernt, wurde Frido nie müde, seiner Hermi vom besonderen, schönen Licht des Norderneyer Leuchtfeuers vorzuschwärmen. Zärtlich bemerkte er dann: „Wir wohnen unter einem Strahlenzelt, das nur uns beschützt. Nur hier in mittelbarer Nähe oder direkt unterhalb des Turms kann man dieses schöne Licht sehen!"

Und so lag sie nun da in ihrem einsamen Nachtlager, zum Strahlenzelt emporschauend. In ihrem ehemaligen gemeinsamen Heim zusammen mit Frido vermochte sie in dem ihr so sehr vertrauten Licht des Leuchtturmes nicht wie sonst, sanft einzuschlafen. Sie dachte an Fridos Tod vor fast einem halben Jahr, wie er im Krankenbett aus dem Dachfenster des Schlafzimmers mit seinen schon von der Krankheit gezeichneten fahlen, schwachen Augen zum Strahlengewölbe emporblickte. Und wie sie so oft an seinem Bett seine rechte Hand gehalten und seine eingefallenen Wangen zärtlich gestreichelt hatte. Und sie dachte daran, wie dann alles so schnell gegangen war.

Der Bescheid des Finanzamtes, die weiteren Forderungen und Verpflichtungen durch die Erbschaft und der dadurch notwendige Verkauf des Hauses. Und dann die Zusage zur Aufnahme in ein Seniorenheim in Göttingen, worum sich ihre Söhne so sehr bemüht hatten.

Ihre beiden Söhne waren nun an diesem, ihrem letzten Abend, angereist. Morgen sollte der Umzug aufs Festland ins Seniorenheim sein. Ja, ihre Söhne, beide nun auch schon im vorgeschrittenen Alter, gestandene Männer, hatten nach Fridos Tod alles geregelt und mussten dabei lernen, dass sie das Erbe letztendlich doch nicht bedienen konnten. Sie schliefen jetzt sicherlich schon fest unten in der Wohnung, hatten sie doch nach der langen Fahrt aus dem Süden Niedersachsens und der Überfahrt zur Insel alles am Abend noch aus- und aufgeräumt und dann gepackt.

„Diese Insel ist zu einer 'Millionärsinsel' verkommen", hatte Hermi mitunter bei ihrer besten Freundin in der Nordhelmsiedlung bei ostfriesischer Teezeremonie skandiert. „Nun ergeht es mir so ähnlich wie Ubbos Vera", dachte sie in dieser letzten Nacht. Vera war, genau wie sie, vor vielen Jahren der Liebe wegen auf die Insel gekommen, hatte auch wegen der eigenen kleinen Rente ihren Lebensgefährten nicht geheiratet, ein Testament hatte Ubbo nicht gemacht, und so erbte seine Tochter im fernen München alles. Diese hatte nichts Eiligeres zu tun, als die Haushälfte in der denkmalgeschützten Siedlung sehr gewinnbringend zu verkaufen. 590.000 Euro zahlte ein Arzt aus dem Münsterland für sein Feriendomizil, und Vera hatte ausziehen müssen.

„Diese alte, verkommene Funkbude, ein einzeln stehendes Backsteingebäude aus den 20er Jahren, ist den Investoren vom Ruhrpott fast 780.000 Euro wert gewesen", dachte sie erbost, und weil auch sie nicht verheiratet waren und Fridos schwerkranker Sohn in Norden im Pflegestift lag, mussten ihre als Erben eingesetzten Söhne die Hälfte des Erbes an den Vormund des Sohnes zahlen und eine hohe Summe als Erbschaftssteuer aufbringen. Die damit fällige „Unsumme" – so Richardt - hatten weder ihre Söhne noch Hermi selbst, um die „Funk-Liegenschaft" übernehmen und dann noch eine notwendige Renovierung oder einen Umbau zu einer Pension für Urlaubsgäste oder gar zu einem kleinen „Hotel am Leuchtturm" realisieren zu können. Auch das von Frido ihr bereits zugestandene und übertragene Nießbrauchrecht änderte an den zu leistenden hohen Summen wenig. Und kreditwürdig waren beide Söhne mit Verbindlichkeiten für eigene Häuser auf dem Festland, dem nun schon aus Bankensicht zu hohem eigenen Alter, der auch zu kleinen Pension von Richardt und Andreas' dann zu geringem Einkommen nicht mehr. Immerhin waren nun von dem verbliebenen Verkaufserlös Pflege und Unterkunft in dem Altersheim für sie sehr gut abgesichert, ihre Rente allein hätte bei Weitem nicht ausgereicht.

Bei den stundenlangen Diskussionen, wie es mit „Nordenepp", wie die drei es nannten, weitergehen solle, hatten ihre beiden Söhne alle Möglichkeiten durchgespielt, auch die einer „fetten Hotelhypothek", wie Andreas eine solche Kreditnahme salopp nannte. Dabei wäre dann vielleicht sein Sohn Jann endlich als späterer Hotelbesitzer in Lohn und Brot gekommen. Jann war als kleiner Junge und dann als Schüler immer in allen nur möglichen Ferienzeiten am Leuchtturm bei seinem „Opa Insel", wie die Kinder der Söhne Frido nannten, zu Besuch gewesen. Jann hatte die Insel und das Meer lieben gelernt und später als „Inselkind" sogar Nautik in Elsfleth studiert. Nun aber fand er aufgrund der Reederei-Krise keine Anstellung auf einem fahrenden Schiff. Doch auch der Plan mit dem Hotel scheiterte an Bau- und Denkmalbestimmungen. „Diese verdammten Überregelungen und Vorschriften! Es ist an alles gedacht, bis ins Kleinste gesetzlich geregelt – nur immer gegen den Kleinen Mann!", hatte Richardt geschimpft. Es blieb ihnen nur der Verkauf und beide Söhne gaben ihrer Mutter gegenüber betrübt zu, dass sie das an Fridos Krankenbett abgegebene Versprechen, nämlich das Funk-Anwesen am Leuchtturm in der Familie zu halten, nicht einzulösen vermochten. „Bitte haltet das Haus, verkauft es nicht und lasst Hermi hier weiter wohnen. Das Haus soll nicht an „Fremd-Schiet fallen", hatte Frido mit Blick durch das Dachfenster des Schlafzimmers auf das Lichtstrahlenzelt in einer seiner letzten Unterhaltungen geäußert, als die Krankheit ihm das Sprechen noch ermöglichte.

Sehr früh am Morgen waren die drei im Haus am Leuchtturm aufgestanden. Die zweite Fähre nach Norddeich war für das Gespann mit dem Pferde-Anhänger gebucht, der als Umzugswagen dienen sollte. Hermi wollte später bei der Umzugsfahrt die Gelegenheit nutzen und Abschied nehmen im

Pflegeheim von Fridos Sohn. So schnell würde sich diese Gelegenheit für sie, die sie auf einen Rollator durch das ihr schon sehr beschwerliche Fortbewegen angewiesen war, nicht mehr ergeben. Vorfahren im Auto in Begleitung der helfenden Söhne! Fridos Sohn lag seit mehr als 18 Jahren mit fortgeschrittener Veitstanz-Krankheit im Wachkoma. Hermi erinnerte sich noch sehr genau daran, wie sich Frido beim letzten Krankenbesuch, schon in Kenntnis seiner eigenen schweren Krebserkrankung, sehr bewusst von seinem Sohn verabschiedet hatte. Nun will sie durch den heutigen Krankenbesuch ebenfalls Abschied nehmen, denn Besuche in Norden würden zukünftig mit einer langen Anfahrt und eienm für sie erheblichen Aufwand verbunden sein. „Ein- oder zweimal im Jahr ein Besuch auf Norderney, wenn's hochkommt, verbunden mit der Grabpflege auf der Insel", hatte Richardt festgelegt. Vielleicht ist der heutige Besuch auch ein Abschied für immer, musste sie doch bei Frido sehen, wie schnell es gehen kann.

Beim Verstauen der letzten Habseligkeiten am Morgen äußerte Hermi den Wunsch, die Mühe auf sich nehmen und selbst mit ihrem Rollator per Bus zum Hafen fahren zu wollen. „Ich brauch' noch etwas Zeit für mich allein hier. Will mich vom Leuchtturm und dem Haus in Ruhe verabschieden. Hier könnt ihr auch nicht mehr frühstücken. Fahrt schon mal los und macht unterwegs am Golf-Hotel halt. Dort hat Heini ein gutes Frühstück. Ich brauch' nichts und trinke dann vielleicht einen Tee auf der Fähre". Die Söhne waren einverstanden. „Mach' man Mama, wir warten an der Fähre auf dich", und so gab ihr Andreas einen flüchtigen Kuss aufs Haar.

„Mist, sie ist nicht im Bus!" Keuchend kommt Andreas von der Bushaltestelle am Hafen angelaufen. „Was? Dann hätten wir sie nicht alleine lassen sollen. Und nun?" Nach kurzer Überlegung spannen die Brüder den geliehenen, doppelachsigen Pferdeanhänger vom Zugfahrzeug und scheren aus der Warteschlange vor dem Fähranleger I aus. „Auch das noch!", schimpft Richardt, während er in unerlaubt rasanter Fahrt und mit quietschenden Reifen auf die Deichstraße Richtung Leuchtturm abbiegt. „Wir verpassen noch die Fähre!"

„Mensch, pass doch auf!", fährt Andreas seinen Bruder an, als sie in der scharfen Rechtskurve, da wo der Sommerweg zur „Weißen Düne" abzweigt, den dort kreuzenden Fahrradweg überqueren. Es kommt gerade nicht zu einem Unfall, weil der Radfahrer beherzt von seinem Gefährt springt und Richardt doch noch in letzter Sekunde auf die linke Fahrbahn ausweicht. Richardt setzt sofort unbeirrt und mit unveränderter Geschwindigkeit die Fahrt fort. Nach der dann folgenden Dünenkuppe liegt der Leuchtturm gut sichtbar in Front vor ihnen.

Kurz darauf sind die Söhne an jener Stelle angelangt, wo auf der linken Straßenseite hinter einem kleinen Krüppelwäldchen das ehemalige Kriegsgefangenenlager war, von dem ihnen Frido so viel erzählt hatte, dort wo sie den vielen Sanddorn für seinen „Schwarz-Köm" gemeinsam gepflückt hatten. Jetzt fahren sie an der Wegemündung zum Zuckerpad vorbei, auf dem Frido jahrzehntelang mit seinem alten Hollandrad bei jedem Wind und Wetter zum Hafen zur Arbeit gefahren war. Nun können sie schon die kleine Kneipe „Düne 58" ausmachen. Die Wirtschaft liegt direkt gegenüber des Leuchtturm-komplexes. Hier hatte Frido während seiner aktiven Zeit bei der Fährgesellschaft fast täglich nach der Arbeit den, wie es auf der Insel heißt, „Fifeürtschie" zelebriert, bestehend aus zwei bis drei Alsterwassern oder Bieren. Dabei wurde stets ein munterer „Klön-Schnack" über alle Neuigkeiten auf der Insel gehalten.

Von Weitem sehen die beiden Söhne den korpulenten Dünen-Wirt in seiner markanten Kleidung, einer stets roten, übergroßen Schürze, darunter das blaue, gestreifte Seemannshemd und den Elbsegler auf dem Kopf. Er steht vor der von ihm selbst gestifteten grünen Holzbank mit der Inschrift „Für Norderneyer Rentner von um 11.00 bis 17.00 Uhr reserviert".

„Ich hab' se jüst hier gefunden.", ruft der Wirt den beiden Söhnen beim Aussteigen zu. Die Mutter sitzt auf der Bank und hält mit einer Hand den Rollator am Griff. Ihre starren, trüben Augen blicken zum Leuchtturm.

Corona

Nur einen Atemzug weit
spring ich von Insel zu Insel
ichzudir wirzueuch.
Unter mir luftloses Schweigen.

Ruth Finckh

Bild: Birgit Heymann

Insel des Lichts
Apollon auf Delos

Helga Margenburg

*„... ward von ambrosischem Duft Delos geheiligtes Rund bis an die
Ufer erfüllt, und es lachten umher die Gefilde und es erglänzte vor
Lust blauer die Tiefe des Meeres...“*
(Theognis von Megara: Die Geburt des Apollon)

Langsam legte sich der Morgen über Delos. Apollon liebte diese kleine, schmale Insel mitten im Ägäischen Meer, die kaum mehr war als ein Felsen, an dem sich die Wellen des Meeres brachen. Sie war ein Ort des Lichts, der Vernunft und der Harmonie. Hier war er geboren, hierher zog er sich zurück, wenn er allein sein wollte und nachdenken musste. Auf dem Granitrücken inmitten des kleinen Tamariskenwaldes stand sein Tempel, aus dessen Schatten der Palmbaum hervorragte, an den sich seine Mutter bei seiner Geburt geklammert hatte, um die Schmerzen besser aushalten zu können.

Versonnen ließ er seinen Blick über die Kykladischen Inseln schweifen, die sich im hellen Licht der Morgensonne aus den blauen Fluten erhoben, und die sich wie ein Ring um Delos reihten, gewachsen aus grauem Stein und der Gischt des Meeres. Wenn er nach Nordosten blickte, konnte er Mykonos sehen.

Das goldene Morgenlicht spiegelte sich jetzt im weißen Marmor der Löwenstatuen, die die heilige Palme bewachten. Das Holz des Baumes war bereits von der Sonne gewärmt, er lehnte sich gegen den Stamm und strich liebevoll, fast zärtlich, über die trockene Rinde. „Diese verdammte Hera“, dachte er, „warum musste sie meiner Mutter bloß das Leben so schwer machen?" Leto hatte doch weiter nichts verbrochen, als die Geliebte seines Vaters zu sein. Es war im Olymp schließlich weithin bekannt, dass es fast keine Frau gab, die Zeus nicht verführt hatte, ob Göttin, Halbgöttin oder hin und wieder sogar eine Sterbliche. „Aber verstehen kann ich es ja irgendwie", dachte Apollon weiter, „welche Ehefrau lässt sich schon gern betrügen?" Trotzdem hatte dieses eifersüchtige Weib kein Recht gehabt, seiner Mutter die Niederkunft auf festem Land zu verwehren. Keine Stätte der Erde, die von der Sonne beschienen wurde, hatte sie aufnehmen dürfen. Das war boshaft und erbärmlich, fand er, auch wenn Hera vorausgesagt worden war, dass die Kinder, die Zeus mit Leto haben sollte, mächtiger würden als ihre eigenen.

Apollon stellte sich vor, wie seine Mutter gelitten hatte, mit Zwillingen im Bauch, kurz vor der Entbindung, und dann weit und breit kein Platz, wo sie gebären konnte.

„Danke, Poseidon", murmelte er leise, „danke, dass du geholfen hast, auch wenn Zeus dich darum gebeten hat. Dass du Delos aus dem Wasser hast auftauchen lassen. Und auch dir, Hermes, danke ich, dass du meine Mutter dorthin gebracht hast."

Wie durch Zauberhand war ein Stückchen flaches Land plötzlich an der Oberfläche des Meeres erschienen. Gleich einem schwimmenden Floß, das auf dem Wasser treibt, war es hin und her geschaukelt, manchmal zum Greifen nah, dann wieder hinter dem Horizont verschwunden. Es bot keinen Halt, aber Poseidon hatte es mit vier gewaltigen diamantenen Säulen am Meeresgrund befestigt, und dieser Anker hatte tatsächlich gehalten. Aus der unsichtbaren kleinen Felseninsel war eine sichtbare geworden, und seitdem trug sie ihren Namen: Delos, „die Sichtbare". Letos Wehen waren besonders lang und schmerzhaft gewesen, wie dies insbesondere bei Zwillingsgeburten oft vorkommt. Sie waren sogar so stark, dass die Kureten mit ihren Waffen gelärmt hatten, damit Hera Letos Schreie nicht hören konnte.

Artemis war nur ein paar Minuten vor ihm zur Welt gekommen und hatte bei seiner Geburt geholfen. Die Gefilde ringsum hatten vor Freude gelacht und die Luft war voll des blumigen Dufts von wohlriechender Ambrosia gewesen. Das Grau des Wassers in der Tiefe hatte sich in glänzendes Meeresblau verwandelt, sogar das Plätschern der Wogen klang wie lautes Jauchzen. Das hatte ihm seine Mutter erzählt.

Er lächelte, als er an Artemis dachte. Seine Zwillingsschwester und er waren einander in tiefer Verbundenheit zugetan. Gemeinsam hatten sie all die Länder aufgesucht und deren Einwohner bestraft, die ihrer Mutter Schutz verweigert hatten, was ihnen den Ruf eingebracht hatte, „rächende Gottheiten" zu sein. Dabei hatten sie nur Gerechtigkeit geübt, fand er. Und er fand auch, dass Delos eine besondere Insel war, die einen besonderen Schutz verdiente.

Er musste an Pythia denken, die stets behauptete „Wer noch nie auf Delos war, hat noch nichts gesehen". Er musste ihr Recht geben, Delos war wirklich die schönste aller Inseln, sie war die Insel des Lichts und die heiligste dazu. Zu seiner Priesterin hatte er eine besondere Verbindung, auch wenn sie im weit entfernten Delphi wirkte, dem Omphalos, Nabel und

Stein des Orakels. Pythias Weissagungen wurde eine hohe Bedeutung zugemessen. Dass er hin und wieder mit ihr Probleme hatte, war eine andere Sache. Es nervte ihn, dass sie ständig auf einem goldenen Dreifuß über einem Erdspalt hockte, aus dem berauschende Dämpfe strömten. Man wusste ja nie, wieviel sie davon eingeatmet hatte, bevor sie ihre Orakelsprüche kundtat.

Und nun kamen die Sterblichen in Scharen, um mit eigenen Augen den spirituellen Ort anzuschauen und das Schauspiel der Natur zu erleben. Sie glaubten der optischen Täuschung, die durch das Zusammenspiel von Licht und feuchten Luftströmungen die Sichtbare aussehen ließ, als ob sie noch immer schaukelte. Er grinste bei der Vorstellung, wie die Leute wohl reagieren würden, wenn sie wüssten, dass er kein Geist war, sondern dass es ihn noch immer gab und er sie beobachtete, auch wenn sie ihn nicht sehen konnten. Sein Kopf schmerzte, als er daran dachte, dass gleich wieder Horden einfallen würden. Sie kamen immer am Vormittag mit einem großen weißen Schiff von Mykonos herüber, das näher zu Delos lag als Santorin oder Naxos oder die anderen Ringinseln. Die Leute brachten alles in Unordnung, sie störten die göttliche Ruhe, sie entehrten die heiligen Stätten und entweihten den Boden, indem sie über Land liefen, unter dem sich Gräber befanden. Obwohl diese zwar jetzt leer waren, weil man die Toten auf die Nachbarinseln umgebettet hatte, und obwohl von den Heiligtümern nur noch Ruinen übrig waren, fand Apollon, dass den Sterblichen die Ehrfurcht fehlte. Mit Missfallen und

Besorgnis verfolgte er seit langem diese Entwicklung.

Im Licht der Nachmittagssonne, wenn die Schatten länger wurden und die Menschen genug von der Einsamkeit und der für sie fremden Welt von Delos hatten, fuhren sie mit diesen riesigen weißen Kähnen wieder zurück nach Mykonos, woher sie am Morgen gekommen waren. Am Abend begannen sie dann zu lärmen; sie tanzten, tranken und aßen, sie hinterließen Unrat am Strand und sie machten Musik, die bis zu ihm herüberschwappte. Es war laute und dröhnende Musik, nicht solche klangvolle, wie er sie auf seiner Kithara spielte, und sie war oft so unerträglich, dass er sich die Ohren zuhalten musste.

Ein tiefblauer Himmel mit Kumuluswolken, die fast bis in den Olymp zu reichen schienen, versprach weitere sonnige Sommertage, wie es schon so viele gegeben hatte, und ein bunter Blütenteppich zierte den Tempelbezirk, doch beides konnte Apollons Zorn nicht besänftigen, als er daran dachte, was gleich mit seiner Insel geschehen würde. „Das muss endlich ein Ende haben", sagte er laut und sah die Löwenstatuen an, als ob er deren Zustimmung erwartete. Er nahm seinen Lorbeerkranz ab, um sich am Kopf zu kratzen. Delos war gereinigt und sollte es auch bleiben. Er würde auf seine Insel aufpassen, so wie er es seit seiner Geburt vor etwa dreitausend Jahren nach menschlicher Zeitrechnung tat. Es war seine Insel, eine Stätte der Götter. Die Erdenmenschen hatten hier einfach nichts verloren, mochten sie sich doch woanders amüsieren.

Eine leichte Brise blies ihm eine Locke in die Stirn.

Geräuschvoll stieß er die Luft aus. Nein, er würde nicht Pythia um Hilfe bitten, sondern seinen Onkel Poseidon, der war nicht nur seiner Mutter, sondern auch ihm wohlgesonnen, ihm, dem Gott des Lichts und der schönen Künste sowie der sittlichen Reinheit. Und diese war jetzt unbedingt nötig.

Einige Tage später kam Apollon eine Nachricht zu Ohren, die ihm ein zufriedenes Schmunzeln entlockte:

„Ein Personenschiff der griechischen Ausflugsflotte ist auf seiner Fahrt von Mykonos nach Delos gekentert. Als Ursache wird ein stärkeres Meeresbeben in der Ägäis angenommen. Alle zweihundert Fahrgäste konnten gerettet werden. Die Reederei hat den Fährverkehr zwischen den Kykladeninseln eingestellt.“

Apollon blinzelte in die Sonne, holte seine Kithara hervor und griff liebevoll in die Saiten. Auf die familiären Bande war eben Verlass.

Zu Hause bleiben

Die Amseln flöten
im ersten Grün und Schlüssel-
blumen stehn stolz
im Saft, Zitronenfalter
treiben über die Hecke im Wind, es ist alles
gut, nur die graue
Brandung klatscht
auf die Klippen am Ufer
der Pestinsel, der
Familien-

Insel

Ruth Finckh

Die Krönung

Antwort auf Ruth Finckhs Gedicht „Zu Hause bleiben"

Die Amseln zwitschern im ersten Grün,
Primeln und Osterglocken nicken sich friedlich zu.
In der sanften, noch kühleren Brise
malt die schon wärmende Sonne
all das, was sprosst,
lichtgrün, lichtgolden an.
Alles wirkt heiter, bereitet sich österlich vor.

Nur die braune Brandung,
die wiederauferstandene,
klatscht hörbar auf alle Felsen
der guten Gesinnung, auf die Inseln
der Vernunft und Nächstenliebe,
die es auch gibt, nach wie vor.

National isoliert, sozial isoliert ...
Nur ICH bin wichtig, nur WIR sind wichtig,
was gehn uns die anderen an.
Die könnten ja krank sein!
Ausgangssperren, Auffahren von Panzern,
Armeekontrollen in Großstädten,
Gefängnis ohne die rechten Papiere.

Wer wird diesmal die Sterne annähen müssen?
Nicht lang genug im Land?
Aus dem falschen Land?
Das falsche Parteibuch?
Die falsche Hautfarbe?
Die falsche Familie?
Nicht reich genug?
Nicht gesund genug?

Gab es das alles nicht schon mal?

Martina Scheible

Bild:
Samira
Belmonte

Insel der Wärme   *Michael Groß*

Wir sind ein paar Nachbarn, in den guten, den besseren und in den besten Jahren. So ungefähr wenigstens, denn ein kleines Mädchen von acht Jahren, Mathilda, gehört irgendwie auch dazu. Erna, die gutmütige Bernhardinerdame, und Henry, die Katze mit dem zu dünnen Fell. Ein Araberhengst (ägypt. Asil) grast auf seiner Wiese zwischen den Häusern, zurückgelassen von seinem Besitzer, der längst wieder im Orient weilt. Ein paar Häuser mitten in einem kleinen Dorf mit einem putzigen Namen, irgendwo im südlichen Niedersachsen. Wo genau, verrate ich nicht.

'Den Dieter seine Frau' haben wir kürzlich begraben, jeder mit ausreichend Sicherheitsabstand draußen vor der Friedhofskapelle. Der Pastor hat gut gesprochen. Ein Ghettoblaster mit Mikro hatte seine Rede zu jedermanns Ohren gebracht. Dieter, 75, ist eher in seinen allerbesten Jahren. Danach gab's Kuchen bei ihm, im Freien auf der Terrasse. Nach den langen Jahren der Pflege, die ihn an den Rand seiner Kräfte gebracht hatte, sei er nun ja wieder ein begehrenswerter Junggeselle. Oder nicht? Dieter konnte endlich wieder lachen.

Zwei Verkäuferinnen gehören dazu, die jeden Morgen in die benachbarte Kleinstadt fahren, hier respektvoll 'Stadt' genannt. Sie brechen auf zu einer Zeit, wo andere noch im tiefsten Schlummer weilen. Sie kriegen den Coronaquatsch voll mit: Masken, die stinken und die Brille beschlagen lassen. Plexiglashauben, die von den Viren auf ihrer Suche nach Bronchien elegant umkurvt werden. Käufer, die den Mindestabstand nicht einhalten wollen und sich draußen mit einem

Coffee to go in die Sonne stellen und klönen. Käuferinnen, die jeden Tag drei Scheiben Wurst holen, weil sie ja sonst nicht mehr aus dem Haus kommen. Zuverlässig beginnt jedes Treffen mit einem Schwall von Beschwerden über diese unmöglichen Kunden.

Wie erhält man seine Widerstandskraft in solchen Zeiten? Seinen Lebensmut, seine Freude? Und apropos Treffen – dürfen wir das überhaupt? Aber wir sitzen ja im Freien, wo der Wind jedes Tröpfchen sofort davonpustet. Mein Bandmaß zeigt hartnäckig zwei Meter an, auch da, wo man den Abstand auf knapp die Hälfte schätzen würde. Ist es kaputt? Nicht doch.

Beate, irgendwie der Kopf von allen, hatte die rettende Idee: Sie definierte uns schlankweg als WG. Zwar auf mehrere Häuser verteilt, aber in Zeiten von Corona darf man das nicht so eng sehen. Irgendwie einleuchtend, fanden wir. Und Beates Idee war auch das mit dem Corona-Tor. Damit es kein Gerede gibt und man uns von der Straße aus nicht sehen kann, wurde das Hoftor geschlossen. Weil Maschendraht aber bekanntlich durchsichtig ist, hängte sie noch eine große Zeltplane über. Beate hat ständig solche Ideen.

Es ist eine kleine Insel der Wärme, der Menschlichkeit in diesen Zeiten. Sollte ich ein Honorar für diesen Beitrag bekommen (ich habe den Text bei einer Zeitschrift eingereicht), werde ich ihn an Birgitt spenden, die immer den Cappuccino kocht und ein Feierabendbier in der Garage hat. Nun hat sie beschlossen, den Zaun flachzulegen, der ihren Rasen von

Dieters Grundstück trennt. Das wird uns eine gute Weile beschäftigen, denn die Betonpfähle haben Eisenbewehrung. Und irgendwer kam dann noch auf die Idee, ein paar Steinstufen an die Mauer zu legen, damit der Dieter direkt von seiner Terrasse zu uns herüberspazieren kann. Das spart ihm sage und schreibe 80 Meter Umweg!

Corona, du kannst uns mal.

(Dieser Text wurde im Juni 2020 geschrieben, lange vor der zweiten Welle des Virus. Heute würden wir nicht mehr so handeln.)

Foto: Manfred Kirchner

Geballtes Alleinsein

allein, einsam, auf mich gestellt
abgetrennt, isoliert, vereinzelt
verantwortlich, nach vorne geschoben, zurückgelassen
keine Familie, ungeliebt, ungewünscht
unsichtbar, ungehört, unberührt
unbegehrt, stimmlos, sprachlos
verloren gegangen, in der Wildnis, im Niemandsland
schiffbrüchig, insulär, einzig überlebend
segregiert, geächtet, ins Ghetto verbannt
eingesperrt, angekettet, in der Falle
gelähmt, unter der Glasglocke, deprimiert
meinerseits, meinetwegen
Ich

No One To Talk To, All By Myself ...

alone, lonely, on my own
separate, isolated, solitary
responsible, shoved to the front, left behind
no family, unloved, unwanted
unseen, unheard, untouched
undesirable, voiceless, speechless
lost, in the wilderness, no-man's-land
marooned, insular, only survivor
segregated, ostracized, ghettoed
imprisoned, shackled, trapped
no reaching out, glass jar, depressed
me, myself and
I

Martina Scheible

An jenem Sonntagmorgen tastet Hinnerks Hand wie jedes Mal beim Aufwachen danach, ob Gesa neben ihm liegt. Er ist unruhig, weil er ihren Atem nicht hört, und als er sanft ihren Arm und ihre Wange streichelt, fühlt sie sich kalt an. Leblos sieht er sie liegen, als er die Augen öffnet. Er spürt bei ihr keinen Puls mehr. Viele Minuten braucht er, zu verstehen, was geschehen ist und was er verloren hat.

Er zieht seinen Bademantel an, sucht die Schallplatte mit der Kantate „Erschallet ihr Lieder" von Bach heraus, die Gesa so sehr liebte, und lauscht der Musik, während er neben ihr auf der Bettkante sitzt. Nach der Musik wird noch genügend Zeit sein, den Arzt für den Totenschein und den Pfarrer für ihre Seele zu rufen. Er weiß, dass die selbstbestimmte Gesa kein von fremder, auch nicht seiner Hilfe abhängiges Leben hätte führen wollen.

Gesa und Hinnerk waren über vierzig Jahre verheiratet und seit ihrer gemeinsamen Zeit in der Grundschule zusammen. Schon dort versuchten sie stets, nebeneinander zu sitzen. Viele Worte brauchten sie nicht füreinander. Ihnen reichten Blicke und ihre gegenseitige Nähe, um sich miteinander zu verständigen und ihre Gedanken zu lesen. `Die gibt es nur im Doppelpack´, sagten alle auf der kleinen Insel Baltrum, die Gesas und Hinnerks Heimat geblieben war und auf der sie als Angestellte der Kurverwaltung ihren Lebensunterhalt verdienten mit der Betreuung der vielen Gäste, die besonders im Sommer die Insel bevölkerten.

Seit vielen Jahren schon galten Gesa und Hinnerk als lebensklug, wortkarg und verschwiegen. So hatte es sich unter den Inselbewohnern herumgesprochen, dass die beiden ein offenes Ohr und meist Rat für alle hatten, die sich in Not oder seelischer Bedrängnis an sie wandten, und dass sie das ihnen Anvertraute bei sich bewahrten. So war nahezu jeder irgendwann einmal bei ihnen gewesen, hatte ihnen sein Inneres offenbart und hatte gestärkt oder getröstet ihr Haus verlassen. So auch Claas und Svenja Ulrichs, deren Sohn Onno viele Monate als vermisst gegolten hatte, bis sein Leichnam auf den Strand einer der Nachbarinseln gespült worden war. In seiner Tasche hatte man sein Handy gefunden, das in einer wasserdichten Hülle funktionstüchtig geblieben war. Auf ihm hatten die, die ihn geborgen hatten, eine nicht abgeschickte Nachricht an seine Eltern gefunden. Die hatte ihnen die grausige Gewissheit gebracht, dass ihr Sohn, der auf dem Festland zur Schule gegangen war, sich in der Vorweihnachtszeit von einem Fischer auf die Insel hatte übersetzen lassen wollen, um mit seinen Eltern den dritten Advent zu feiern. Der Fischer hatte ihn bei Nacht und plötzlich aufkommendem Nebel an dem Watt zugewandten Strand von Baltrum absetzen wollen. In Wahrheit aber hatte er ihn in der Dunkelheit und bei dem dichten Nebel versehentlich auf einer Sandbank aussteigen lassen, die er wohl irrtümlich im Nebel für den Strand der Insel gehalten hatte. Dort war Onno dem auflaufenden Wasser hilflos ausgeliefert gewesen.

Da Gesa und Hinnerk tiefer in viele der Inselbewohner hineingeblickt hatten als jeder andere, grüßten diese sie zwar freundlich, aber beklommen vor Sorge, ihre Gedanken könnten durch wissende Blicke der beiden in die seelischen Nöte zurückgeworfen werden, wegen derer sie bei ihnen gewesen waren. Auch hielten sie respektvoll Abstand, weil sie verschwommen ahnten, dass die beiden einander genug waren. So blieben Gesa und Hinnerk, solange sie nicht Besuch bekamen von Hilfe oder Rat Suchenden, für sich allein in ihrem Haus am Watt, bei Wanderungen über die Insel oder beim Essen in einem der wenigen Restaurants. Beim Gottesdienst saßen sie in einer der hinteren Reihen der Kirche, hatten oft ihre Hände ineinander gelegt und zeigten ohne Scheu ihr gemeinsames Glück.

Nach außen trägt Hinnerk den Tod seiner Frau mit stummer Fassung. Seltene und scheue Beileidsbekundungen erwidert er nur mit einem ernsten Kopfnicken und wendet sich schnell ab. Bald widmen sich die meisten erleichtert wieder ihren eigenen Angelegenheiten im Vertrauen, Hinnerk habe sich in sein neues Leben ohne Gesa hineingefunden.

Aber Hinnerk leidet darunter, dass seine Augen Gesa vergeblich suchen und seine Hand ins Leere greift, wenn er sie berühren möchte, bis Gesa ihm eines Nachts im Traum erscheint und ihm ein Handy entgegenhält, vielleicht das von Onno Ulrichs? Er grübelt lange, während er am Strand entlanggeht und auf das Meer hinausblickt. Erst als er eines Tages wie schon so oft zuvor vom Heller aus die aufkommende Flut beobachtet, die langsam und unerbittlich die Priele mit Wasser füllt und die Sandbänke überspült, versteht er.

Am nächsten Tag spricht er mit dem Bürgermeister, und einen Monat später überreicht der ihm schweigend eine Urkunde, die Hinnerk erlaubt, andere auf sicherem Weg zum Festland zu führen, Sommergästen den Tier- und Pflanzenreichtum im Watt zu erläutern und sie vor den Gefahren der Flut zu warnen. Fast täglich heften Spaziergänger ihre Blicke auf die kleine Gruppe, die unter seiner Führung weit draußen im Watt durch den Schlick stapft.

Durch das Fenster scheint die sinkende Sonne, als Hinnerk den schwarzen Tee auf die Kandisstückchen gießt, die dabei leise knistern, und einen Schuss flüssige Schlagsahne hinzufügt. Da glaubt er, geblendet vom Licht, durch die Fensterscheibe Gesa zu sehen, die ihn zu sich winkt. Er meint zu verstehen, packt Ölzeug, warme Decken, einen Feldstecher, eine starke Taschenlampe und eine Flasche Korn in einen Seesack. Seine warme Jacke und sein Südwester schützen ihn, als er den Weg zum Hafen einschlägt, wo er sein Boot vertäut hat. Kaum hat er den Motor angeworfen, richtet er den Bug des Bootes zu dem mit einem in den Schlick gerammten Holzpfahl markierten Ende des Priels, der auf das Wattenmeer hinausführt und sich schon mit dem auflaufenden Wasser gefüllt hat. Weit fährt Hinnerk durch den Priel. Der wird breiter, verzweigt sich und verliert sich in der Wasserfläche, aus der nur noch hier und da eine Sandbank herausragt.

Was will er hier? Was sucht er? Er lässt ich nicht beirren, steuert das Boot mit dem Knie, sucht mit dem Feldstecher die Wasserfläche ab und lauscht angestrengt in die Stille des Abends. Da hört er von Ferne ein Geräusch. Es klingt wie ein Rufen. Sein Feldstecher sucht die Quelle des Geräuschs. Da sieht er endlich einen Arm, der sich winkend bewegt. Er steuert auf den Arm zu. Mit der Taschenlampe gibt er Leuchtzeichen. Nun kann er es deutlich hören: Eine Frauenstimme ruft verzweifelt. Dort muss eine Sandbank sein, die noch nicht ganz überspült ist. Als sein Boot auf den Sand aufläuft, sieht er die Gestalt, die sich, schon bis zur Hüfte im Wasser, mühsam auf ihn zubewegt. Das steigende Wasser hebt den Kiel des Bootes etwas an, so dass er ein Stück weiter auf sie zufahren kann. Die Frau scheint sehr matt und schwach zu sein. Er packt sie unter den Schultern und zieht sie zu sich ins Boot.

Nie hätte Hinnerk sich getraut, eine fremde Frau auszuziehen. Aber jetzt tut er es und hüllt sie in seine warmen Decken. Den Korn nimmt sie gern und lehnt sich an Hinnerk. Der sagt nichts, reibt nur der Frau den Rücken, um sie zu wärmen. Sie wirkt sehr erschöpft und sagt leise `Danke´, bevor sie ihren Kopf an seine Schulter legt. Der Motor brummt laut und treibt das Boot zurück auf die Insel.

Schwer hängt die Frau an Hinnerks Arm, als sie zu seinem Haus gehen. Erst im Licht des Windfangs sieht er ihr Gesicht. Es wirkt müde, aber über den tiefen Schatten strahlen ihn zwei Augen an.

„Dich hat der Himmel geschickt!", sagt sie.

Hinnerk schüttelt den Kopf.

„Nee", sagt er. „Nicht der Himmel. Das war Gesa."

„Gesa?", fragt sie erstaunt.

Anstatt einer Antwort sagt Hinnerk:

„Ich zeig dir, wo du schlafen kannst."

Als er am nächsten Morgen das Frühstück für sie beide bereitet, klopft er an die Tür zu dem Zimmer, in dem die Frau wohl noch schläft, und will fragen, ob sie Tee oder Kaffee möchte. Es beunruhigt ihn, dass er keine Antwort bekommt. Leise drückt er die Klinke hinunter. Ihr Atem geht ruhig. Sie liegt so, dass sie ihm ihr Gesicht zuwendet. Es gefällt ihm.

„Wieso hast du gesagt, Gesa habe dich mir geschickt?", fragt sie beim gemeinsamen Frühstück.

„Nee, andersrum", antwortet er.

„Wer ist Gesa?", fragt sie.

Anstatt zu antworten, schaut Hinnerk zu dem Foto, das auf dem kleinen Tisch an der Wand steht. Die Frau folgt seinem Blick.

„Ist sie das?", fragt sie.

Er nickt.

Beide schweigen lange. Dann schauen sie einander an.

Hinnerk legt seine Hand auf den Tisch.

Sie legt ihre darauf.

Rätselinsel

Du machst kein Gedöns
wenn ich dich besuche
niemand flaniert kein Café
nur eine Bank in der Sonne

Einmal hatte ich kein Wasser
eine Frau im Garten brachte mir
ein großes Glas frisch und kühl

Du bist unsere Kleinste
denkst dir immer was aus
wenn ich zu dir komme
mit deiner bunten Phantasie

Einmal traf ich einen Fuchs
der mich begrüßte und weglief
Lerchen jubilierten über den Feldern

Keine Straße von mir zu dir –

paddle verschlungene Pfade

im Takt meiner Stöcke

unterm grünen Blätterhimmel

Einmal surfte ich auf einem Stück Holz

quer durch den Bärlauch

hielt den Schirm im Sturm als Segel

Du kleine Insel im Wald

viele Jahre sind wir schon befreundet

durch deinen großen leuchtenden Turm

erkenn' ich von ferne mein Zuhause

Einmal im hohen verharschten Schnee

fiel ich vor dir auf die Knie

im unberührten Funkeln und Glitzern

Wenn die Wände zu eng werden

sagen mir meine Leute

du bist reif für die Insel

geh doch mal wieder nach ...

Birgit Heymann

Bild: Adrienne Lochte

Point of no return

Hansi Sondermann

Der **Punkt**. Plötzlich da, kaum wahrnehmbar, unbeschreiblich klein, ein minimales Zeichen in der unermesslichen Leere, wie eine Keimzelle der Materie, aus dem Nichts ins Dasein hineingezeugt; sekundenkurz sichtbar, schon wieder weg, erneut aufblinkend, wieder ausgelöscht; ein dunkles Blinkzeichen, ein schwarzes Funksignal.

Der Punkt scheint in einem wasserähnlichen Luftstreifen schwebend stillzustehen, im flüssigen Lichtflimmern erstarrt zu sein. Er bewegt sich dann doch, zeitlupenlangsam, in westliche Richtung weiter. Der Bewegungsverlauf des Punktes lässt eine

Linie ahnen, die im diffusen mittagshellen Licht kaum erkennbar ist, dann aber deutlicher hervortritt; ein Strich, der die farblose Leere in zwei farbkonträre Hälften teilt, eine Linie, die trennt und scheidet, damit die Lichtqualität der getrennten Felder deutlich macht – hell oder dunkel, kompakt oder durchscheinend.

Der schwarzgraue Punkt bewegt sich auf etwas Fadendünnes, Schaumweißes zu, das sich schlangenförmig windet. Er nähert sich diesem Phänomen, bewegt sich, dessen Bewegungen folgend, parallel zu ihm weiter. Die grauschaumweiße Linie trennt eine sandbraune

Fläche von einem blauen Feld, das in der Ferne mit einer nach oben hin ausgedehnten transparenten Kuppel zu verschmelzen scheint, durch die scharfe Waagrechte aber getrennt wird.

Vor der grauweißen wellenförmigen Trennlinie dehnt sich eine tafelebene Fläche aus, schattenlos, ohne Echo; eine helle

Sandfläche, die in der Herbstsonne aufleuchtet, oktoberblau überwölbt ist, in Nordosten von einem Dünenkranz, westsüdwestlich von einer weiten graublauen Meeresfläche begrenzt. Der lichtdurchtränkte

Raum einer hart schimmernden Küstenlandschaft mit dem scharfen Lichtkontrast zwischen Himmel und Dünen, deren dunkelgrüne Linien sich deutlich unter dem hügelnahen Graublau abzeichnen. Der durchklarte Raum wird bis in die letzten Einzelheiten erfassbar. Die Luft ist klar, kühl, windlos.

Die blendende Helligkeit der weiten Sandfläche lässt die Dünenkette weiß aufleuchten, die von schilfgrünen Buchten eingeschnitten wird, deren Grasnarben bis zu den Dünenkuppen reichen.

Die leinentuchähnliche Sandfläche wirft an einigen Stellen rippenartige, schattenbildende Falten auf. Nach Westsüdwest zur Meeresgrenze hin sind kleine blassgrüne Wölbungen der Erdoberfläche zu erkennen; hier hat sich das Sandplateau zu einer kleinen Hügellandschaft mit schilfgrünen Kuppen aufgetürmt.

Noch zeigt sich die Sonne in vollem Ornat. Und noch ist der hohe Oktoberhimmel im Zenit kobaltblau, jedoch bereits mit einigen Zirrusfedern.
Die noch bestehende Stille der saharatrockenen Ebene wird unterbrochen vom fernen erzenen Dröhnen der See. Das metallische Glitzern des Sonnenlichts auf dem Meer – wie eine gehämmerte Silberschale. Noch! Denn am westlichen Horizont, hinter dem oft die Stürme entstehen, bilden sich bereits in die Tiefe reichende, weißgraue Schäfchenwolken.

Der am Rand des sandstarren Plateaus erkennbare, abwechselnd ruhende und sich fortbewegende Punkt ist inzwischen zu einer aufrecht gehenden
Gestalt geworden, die sich am Rande der wüstensandigen Fläche in nordwestliche Richtung bewegt.

Die Luft ist etwas kühler und windiger geworden. Feine Sandschleier wehen über die hellbraune Fläche. Die dünnen Wolkenschichten im Westen breiten sich, langsam näher kommend, weiter aus. Der Wolkendunst lässt die Sonne inzwischen schwächer durchscheinen. Das an einigen Stellen verbleibende Blau des Himmels wird zunehmend blasser. Die Farbe des Meeres erhält eine leicht graugrüne Tönung. Der zunehmende Wind kräuselt die Wasseroberfläche und greift kräftig ins Gefieder der Dünen.

Die Gestalt ist jetzt deutlicher als
menschliche Gestalt erkennbar. Sie trägt eine dunkle kapuzenartige Kopfbedeckung und eine dunkelglänzende Kleidung; hat etwas Seesackähnliches größeren Umfanges geschultert, bewegt sich langsam, schlurfend; weshalb der feine Sand in kleinen Wolken vor ihm aufstäubt.
Im Boden kleben vom Wind erzeugte skurrile Sandgebilde, Sandskulpturen. Ab und zu bückt sich die Gestalt, blickt offenbar suchend auf den Boden, scheint einiges aufzuheben, näher zu betrachten, in die Tasche zu stecken oder wieder fortzuwerfen.
Die Figur kehrt zum Meer zurück, folgt dort dem Flutsaum, zieht sich aber schnell wieder vor der sich schlängelnden silberweißen Linie zurück. Die Gestalt hat die Kapuze nach hinten geschlagen; dadurch wird das Gesicht erkennbar.

Eine männliche Gestalt. Das Gesicht ist mit einem Mehrtagebart bedeckt, das Kopfhaar an den Schläfen leicht angegraut. Er trägt – jetzt deutlich erkennbar – einen großen braunroten Seesack, scheinbar aus Leder. Seine Haltung lässt auf ein nicht geringes Gewicht des Rucksackinhaltes schließen. Der Mann ist mit einem weinroten Overall bekleidet, die Gummistiefel sind dunkelblau. Offenbar zum Schutz gegen die schattenlose Helligkeit trägt er eine Sonnenbrille, die seine Augen eng umschließt. Seine gesamte Kleidung wirkt wie eben erst gekauft.

Er geht mit stampfenden Schritten. Der Sand ist locker und offenbar tief, macht das Gehen sichtlich beschwerlich. Der Mann bleibt stehen, nimmt die Sonnenbrille ab, öffnet den Reißverschluss seines Overalls, greift in die Innentasche, wischt mit einem Taschentuch über Stirn und Nacken und Augen.

Über den bereits graugetönten Himmel zieht ein Vogelkeil pfeilspitz nach Süden. Das filigrane Nebelgespinst, das über der äußeren Raumgrenze noch sichtbar ist, hat sich zu einem dunklen Wolkenschleier verdichtet.

Ein armdicker Holzpfahl, in den Sand gerammt, ragt aus der Sandkruste heraus. Wie ein Zeichen, das einen Mittelpunkt von etwas bezeichnen soll. Die Zeit scheint sekundenlang stillzustehen, wie eine kosmische Schallplatte, die abgestellt wurde. Es ist fast unmöglich, in einem Tempo zu gehen, das dieser Zeitlosigkeit angemessen ist.

In der Nähe des Küstenstreifens ruht ein gestrandetes Boot, randvoll mit Sand. Der Mann lehnt seinen Seesack an die Außenwand des Bootes, steigt über den Bootsrand und legt sich auf den offenbar weichen Sand. Er schließt die Augen, dehnt seine Glieder, streckt sich aus, als ob er schlafen will.

Längere, überdehnte Rastpausen sind jedoch fatal, weil das Zeitgefühl ausfällt. Warten in der Sonne, Warten im plötzlich aufkommenden Wind, ist gefährlich, kann sogar tödlich sein. Der Mann scheint es zu wissen, er steht bald wieder auf, verlässt die Bootsruine, geht zurück zum Flutsaum, tritt dabei mit den Sohlen seiner Wasserstiefel auf eine frische Qualle, die knirschend zerbirst. Er blickt über die inzwischen grüngraue See. Die Oberfläche, das Heben und Senken, das Einatmen und Ausatmen, das Steigen und Fallen – ist eins.

Der Meeresrand ist von Steinen gesäumt, die vom Meer an die Küste gerollt, von den Wellen auf den Strand gewürfelt wurden, einige halbvergraben im Sand; archaische Formen, Steinaugen, von Sandlidern bedeckt, von Wasser, Wind und Sonne glattpoliert; Steinjuwelen.

Ein Wolkenriegel schiebt sich vor die Sonne, verbirgt sie. Der Wind, der von Westsüdwest kommt, beschleunigt sein Tempo, treibt die Wolken in eine tiefweite Schlucht hinein.

Ein Düsenjäger donnert über die Insel, sein blitzschneller Schatten und das schneidende Pfeifen schreckt Möwenschwärme auf.

Der Mann steht jetzt am Wassersaum, er zieht die Luft heftig durch die Nase; das Salz des Seewindes. Eine starke Meereswoge netzt seine Stiefel.

Er blickt zurück auf das Sandplateau, das sich scheinbar endlos ausdehnt. Darauf verstreut, wie vom Meer ausgekotzt: Leere Flaschen, ausgebleichte Paletten aus Eichenholz, sonnengetrocknete Netze, Spinnengewebe aus Hanf, teerverschmierte Tonnenreste; ein grünverschimmelter Koffer.

Alles wie der verworrene Inhalt einer Schublade. Gegenstände, die diese wüstenähnliche Landschaft mit der Zivilisation verknüpfen.

Am Morgen waren im Radio für den Mittag Sturm und Meernebel angesagt. Und schon steht vor dem Mann eine blaugraue Regenwand. Das Meer bellt auf. Der Seewind fegt ihm durchs Haar. Und, aus den aufgeschlitzten Wolkensäcken platzt es los. Ein neptunischer Wolkenbruch; atlantisches Format. Das Meer voll im Taumel. Donnernde Brandung. Der Sturm attackiert die Küste. Wellen türmen sich hoch, stürzen auf den glatten Strand, krallen sich ins braune Fell des Sandes.

Regengraue Möwen hetzen über die Fläche hin zu den Dünen. Ihre gellenden Rufe, vom Schrei der Wellen übertönt. Der Horizont ist nicht mehr zu sehen.

Der Mann verbirgt sein Gesicht hinter dem hochgeschlagenen Kragen seines Overalls; der Regen ist offenbar nadelscharf. Er beschleunigt seinen Schritt. Sturmbewegte Wogen knattern über die Stein- und Muschelfelder. Der Mann läuft in eine der vorgelagerten kleineren Dünen, in denen mehrere in den Sand gepfählte Hütten stehen, aus Treibholz zusammengefügt; viele vom Wind versandet. Es ist die Strandzone der Nudisten.

Der Mann hat ein Ziel im Auge: eine wellblechgedeckte Minihütte, eingebettet in eine große Dünenmulde, die auf der Kuppe mit Strandhafer, Dünengras und Seegras bewachsen ist. Die Hütte wirkt handwerklich geschickt zusammengebastelt, scheint statisch stabil, damit schutzausreichend. Der sandverwehte Eingang ist bedeckt mit einer Plane, die Seile sind durch die Stahl-Ösen gezogen, an den Eckpfosten festgezurrt, die mit Metallhaken tief im Boden verankert sind. Obwohl sich einige davon etwas gelöst haben, reicht die Sicherung aus, um dem Bau ausreichend Halt zu geben.

Der Mann legt seinen Seesack auf den Boden, schaufelt mit den Händen den regengebackenen Sand vom Eingang fort, löst eine Seitenplane aus den Ösen, zwängt sich durch den schlauchengen Spalt und kriecht ins Innere. Im diffusen Dämmerlicht ist der Raum nicht genau zu ermessen und sein Inhalt nicht näher zu erkennen. Der Mann zieht den Reisesack durch die enge Pforte ins Innere, holt eine Taschenlampe heraus und leuchtet den Raum aus: Gut verfugte Wände aus Planken und Pfählen, die Fugen mit Werg verstopft. Trotzdem pfeift der Wind durch die noch verbliebenen engen Spalten; jedoch nicht mit der Wucht, die draußen zu spüren ist.

Das Dach besteht aus übereinander gestapelten, fest verbundenen Wellblechteilen, darunter ist eine Plane gespannt, die so etwas wie ein Zeltdach bildet. Die Leinen dieser Innenplane sind ebenfalls mit den Eckpfosten verbunden.
Bastmattenbedruckt oder in die Wandbretter eingebrannt: Buchstaben, Zahlen, Firmennamen, Hafenkürzel: ORK... CASA...

EAUX... HAVN... grafisches Stückwerk, Sprachruinen. Nichts davon zu entziffern.

An der Wand eine aus Brettern und Kisten gefügte Bank, in der Ecke ein kleiner Benzinkanister, zum Säubern der Füße von Teer, daneben leere Mineralwasserflaschen, Cola-Dosen. Der Mann inspiziert die Hütte genauer, leuchtet alle Ecken aus. Die Stablampe gibt Dauerlicht.

Der Regen, anfangs für das Blechdach noch erträglich, hat erheblich an Stärke zugenommen, er ist zum Trommelgetöse geworden, zum Schlagzeuggewitter, das vermutlich lange so bleiben wird. Der Sturm, mit Wucht vom Meer heranrasend, zerrt an den losen Planen und drückt heftig gegen die leicht befestigten Trennwände. Die Minibaracke beginnt zu beben, zu knarren, zu wanken.

Der Mann stellt die Stablampe senkrecht auf den Boden. Er setzt sich auf die Wandkiste, nimmt die Brille ab, wischt den Schweiß von der Stirn, lehnt sich zurück, dehnt seine Glieder, ruht tief atmend eine Weile aus. Dann zieht er aus dem Seesack die Garnitur einer Nassrasur heraus. Nachdem sein aus der Hüttenöffnung hinausgelehntes Gesicht regennass geworden ist, beginnt er sich zu rasieren; vorher hat er mit dem Daumennagel die Klingenschärfe überprüft. Es bereitet ihm sichtlich Mühe, den Vieltagebart von der Haut zu schaben, einige Stellen muss er deshalb zunächst mit der Schere bearbeiten.

An einer Hautstelle zuckt er kurz zusammen; er hat sich offenbar geschnitten, rasiert aber zunächst weiter; erst am Ende der

Rasur holt er eine Papierrolle aus dem Seesack und klebt einen Fetzen auf die Miniwunde. Vom Mehrtagebart befreit, ist sein bisheriges Gesicht zum Gesicht eines Anderen geworden.

Plötzlich lassen Sturm und Regen, den Mann offenbar überraschend, spürbar nach. Zwischen den Windpausen sogar fast stille Momente, aber nur kurz, keineswegs ein Ausklang des Unwetters.

Der Mann zieht sich jetzt vollends aus, er greift in den Seesack, holt einen Stapel Fotos heraus und lässt diese wie ein Kartenspiel durch die Finger gleiten:

– *Eine Frau, aschblond, in einer Hollywood-Schaukel, auf der Terrasse eines Reetdach-Bungalows, blättert in einem Journal, lächelt mit halbgeschlossenen Augen in die Kamera.*

– *Dieselbe Frau auf derselben Terrasse, im Partykleid mit gewagtem Dekolleté vor üppigem Büffet, hält ein Glas Sekt in der Hand, prostet der Kamera zu ...*

Der Mann blättert weiter:

– *Ein blondstolzer Junge und ein Mädchen, dunkelblond, beide zirka zehn, zwölf Jahre, auf einem Tandem ... auf Reitpferden ... in Wintersportkleidung, die Skier auf dem Dach eines Autos ...*

– *Das Mädchen, allein am Klavier, im festlichen Kleid, die Haare schulterlang herabfallend, lächelt in die Kamera ...*

Der Mann lässt die Fotos fallen, sie flattern wie lose Blätter auf die Erde. Er fasst sich an die Stirn, wirft seinen Kopf nach hinten zurück, er heult laut auf, nein, er brüllt wie ein verwundetes Tier.

Ein weißer Hubschrauber kommt vom Süden her über den Strand gefegt, mit lautem Tuckern der Rotorblattwirbel. Er dreht um die eigene Achse, hebt den Steiß an, verliert an Höhe, geht etwas nach unten, kreist über den Vorderdünen, bleibt senkrecht über der Hütte stehen. Das Dröhnen des Motors, das heisere Singen der Rotorblätter scheint nicht mehr aufzuhören.

Der Mann hockt auf der Bank, er zieht die Beine an, krümmt sich in sich hinein, er zittert, schwitzt, er presst die Knie unters Kinn. Sein Atem ist ein einziges Röcheln, aus seinem Mund kommt etwas völlig Unverständliches, am Ende nur ein klagendes Summen.

Der Hubschrauber entfernt sich, das Klopfgeräusch der Rotoren tuckert langsam davon, verendet in einem kaum mehr wahrnehmbaren Langton. Der Sturm hat erneut an Stärke zugenommen, er ist aber nicht mehr so extrem aggressiv wie vorher.

Der Mann löst sich langsam aus seiner gekrümmten Haltung, richtet sich auf, reckt seinen Körper in die Höhe, streckt seine Arme weit von sich, bis seine Gelenke knacken. Er wischt mit dem Handtuch den Schweiß von Hals, Kinn und Brust, atmet mehrmals tief durch, schiebt seinen Kopf durch den Planenschlitz, wendet ihn hin und her, lauscht eine Weile, kriecht dann nach draußen, richtet sich auf und wäscht im Regen sein Gesicht und seinen nackten Körper.

Eine Möwe humpelt heran, steht vor der Wellblechhütte, wartet, hüpft dann näher. Der Mann, zurück in die Hütte, reißt Brotstücke auseinander, füttert dann den Vogel mit den Krumen; die Möwe frisst ihm beinahe aus der Hand.

Der Mann zieht ein frisches Unterhemd an, darüber einen alten rauen grauen Pullover, dazu ausgebeulte Bluejeans und gärtnergrüne Gummistiefel; diese reichlich abgenutzte Kleidung hat er aus einem alten tarnfarbenen Felleisen gerissen, das bis jetzt in dem neuen braunroten Seesack war. Er zieht aus einer Seitentasche des Felleisens eine rustikale Umhängetasche heraus und sichtet deren Inhalt: Ein offenbar frischer Ausweis – deshalb die lange Betrachtung des Papiers, dazu mehrere Travellerschecks, eine Brieftasche mit einem Stapel Dollars, ein Notizblock mit Kugelschreiber und eine blecherne Sonnenbrille.

Die bisher getragenen Kleidungsstücke – den orangefarbenen Pullover, das grelle T-Shirt, den weinroten Overall und die dunkelblauen Gummistiefel – wie auch die in Schnipsel zerrissenen Fotos und weitere Kleingegenstände presst er in den rotbraunen Reiserucksack, den er mit dem Benzinkanister nach draußen bis zur Flutkante schleppt. Dort gießt er den gesamten Inhalt des Benzinbehälters über den prallgefüllten Seesack und zündet ihn an. Das Feuer lodert hell auf. Der Wind kommt jetzt wieder mit Kraft von der Seeseite her. Die Flammen schlagen schräg nach Osten, das Feuer brennt heftiger weiter, ungebremst von Wind und Regen.

Der Mann, das rustikale Felleisen geschultert, entfernt sich schnell von seinem Feuerwerk, vermutlich, um dem giftigen Gummilederqualm auszuweichen. Der Sturmwind knattert heftig über die regendunkle Strandfläche. Die bizarren Ränder der zerfetzten Wolken färben sich goldorange; der Sand glitzert vor Nässe. Unter den Stiefeln des Mannes knirschen zahlreiche Quallen: gallertartig, gläsern, wie Laich.

Die Augen des Mannes sind gerötet; vom Sturm, vom Salzwasser, oder noch vom Rauch des Feuers. Wie auf dem Herweg begegnet ihm auch auf der Weiterwanderung kein Mensch. Während er sich noch einmal nach Süden umdreht, offenbar um zu sehen, ob der Seesack inzwischen verbrannt ist, spürt er den Gegenwind wie eine unsichtbare Wand. Die Brandstelle sieht dunkel und leer aus. Er wendet sich der Flutkante zu.

Die fahle Sonne des Spätnachmittags steht im Moment nur noch handbreit über dem Horizont. Der Himmel färbt sich in ein pudriges Gelbgrün. Die Kuppen der Wellen blitzen noch immer silbergrau auf. Im Licht der Tageszeit hat die Farbe des Sandes fast einen braunvioletten Schimmer.

Der Mann wandert weiter nach Norden, zum äußersten Ende der Insel. Sein Blick tastet sich an der Trennlinie zwischen Himmel und Meer entlang; diese absolute, nadelstrichscharfe Horizontale.

Das Meer ist noch immer heftig in Bewegung. Kräftige Wellen rauschen über das Muschelfeld, das der Mann im Moment überquert, wobei einige Muscheln unter seinen Gummihufen zersplittern.

Dabei tritt er auf ein barockes Wellhornschneckenhaus. Er hebt das Gebilde auf und betrachtet es länger; bis auf das Meerwasser, das langsam aus den kalkigen Gängen rinnt, ist das Gehäuse leer.

Die Wellhornschnecke ist auf der Insel fast ausgestorben, nur selten gibt es noch ein Exemplar. Der Fund ist deshalb ein Unikat.

Der Mann wirft jedoch das Schneckenhaus, sicher in Unkenntnis von dessen Bedeutung, sofort wieder fort.

Aus der Meeresrichtung kommen dünne gellende Schreie der Möwen, denen Echoschreie aus entgegengesetzter Richtung folgen. Es sind keine Schreckensschreie, keine Drohungen oder Liebesrufe; es sind monotone fühllose Schreie, im harten Stakkato, Schreie, die nichts oder auch alles ausdrücken, die aber den Aufenthalt, die Positionen und die Flugstrecken signalisieren.
Das Spätnachmittagslicht geht in ein leichtes Dämmern über. Der weiterhin vor dem Mann liegende, viele Kilometer lange Sandstrand scheint noch immer endlos. Dieser Strandabschnitt sieht anders aus als die Partie des Hinwegs; die Sandflächen sind hier umfangreicher, die Flutkante noch weiter von den Dünen entfernt als im Süden der Insel. Die Farbe des Sandbodens, auch hier, nach Tageszeit, Licht, Temperatur: grauviolett schimmernd oder kamelhaarfarben.

Der Mann hat sich bereits weit von seinem letzten Haltepunkt entfernt, ist dadurch nur noch als aufrecht gehende **Gestalt** erkennbar, die sich am Rand der feuchten Sandwüste in nordnordöstliche Richtung bewegt. Die Luft ist jetzt noch kühler, nasser, windiger geworden, die Insel noch immer im Regenmantel, der nördliche Zipfel der Insel ist nur ahnungsweise sichtbar.
Dort am Kap soll – wie man sagt – das rhythmische Singen des Meeres am besten zu hören sein.

Die Sturmmöwen und Kormorane, eben noch pfeilschnell über den Wellen und über dem Strand, sind bereits in die bergende Dünenlandschaft zurückgekehrt. Der Dünenwall, hier ebenfalls von tiefen Buchten eingeschnitten, zieht sich auch in diesem Abschnitt weit nach Norden hin, scheint an der Inselspitze im Nichts zu verlaufen.

Die Gestalt ist jetzt nur noch als schwarzgrauer Punkt erkennbar, der auch hier wieder an einer fadendünnen grauweißen **Linie** entlanggleitet, die sich wellenförmig bewegt, zunehmend aber, weiter weg, zur strikten Waagrechten wird. Der Lichtkontrast zwischen Himmel und Wasser ist von der Seenebelbleiche verschluckt. Nichts ist mehr genau erfassbar.

Der Punkt nähert sich immer mehr der Inselspitze. Er steht eine Weile still. Vielleicht erwartet der nur noch als Punkt wahrnehmbare Mann dort die Verwandlung der Insel, die an dieser Stelle in einzigartiger Weise zu erleben sein soll: Die Weitung des Blicks, wenn das Sehen sich verschärft, das diffuse Gemurmel des Selbstgesprächs, in dem auch ihm deutlich werden kann, worin der Kern seiner Existenz, seines Wesens besteht.

Der **Punkt** ist schon sehr weit entfernt, nur noch sekundenkurz wahrnehmbar, aber selbst in der Dämmerung noch zu erkennen, wenn auch plötzlich weg, dann doch wieder aufblinkend. Wie ein blindes Signal, ein negatives Blinkzeichen in der unermesslichen Leere.

Der Punkt entfernt sich weiter ... weiter ... wird kleiner ... kleiner ... schmerzhaft ... langsam ... klein. Plötzlich ist er nicht mehr zu sehen.

Hinter dem Kap verschwunden. Vom Meeresnebel aufgesaugt. Oder in der absoluten Leere erstarrt.

Selkirk catching a Goat.

Illustration aus: The Life and Adventures of Alexander Selkirk, the Real Robinson Crusoe: A Narrative Founded on Facts (Anonym, New York 1837)

Der schottische Matrose Alexander Selkirk (1676-1721), dessen Erlebnisse zum Vorbild für Daniel Defoes Roman *Robinson Crusoe* (1719) wurden, verbrachte die Jahre 1704-1709 allein auf der *Isla Más a Tierra* (heute *Isla Robinson*) vor der chilenischen Küste. Dort überlebte er unter anderem durch die Zähmung von Ziegen und Katzen; ein zeitgenössischer Bericht enthält sogar die Behauptung, er habe mit den Tieren getanzt.

Nach seiner Rettung fand Selkirk keine Ruhe an Land, fiel durch Straftaten auf und fuhr bald wieder zur See, wo er 1721 an Bord eines britischen Kriegsschiffes starb.

Die folgenden Texte entstanden in der kreativen Auseinandersetzung mit dem Gedicht *auf Selkirks Insel* von Heinrich Detering. Heinrich Detering ist Autor mehrerer Lyrikbände und Professor für Neuere Deutsche Literatur in Göttingen.

auf Selkirks Insel

Selkirk baut zwei Hütten auf der Insel
die eine wird sein Vorratsraum und Stall
die andre soll sein Haus sein wird sein Haus

Selkirk beginnt die Psalmen zu beten
laut um seine Stimme zu hören
lauter damit ihn Gott nicht überhört

Selkirk läuft barfuß so leicht dass er auf
keinem nassen Felsvorsprung mehr ausrutscht
kein Dorn ihn sticht kein Stein ihn mehr schneidet

Selkirk jagt zu Fuß den Ziegen nach
er fängt sie mit den bloßen Händen leichter
als mit seinem Jagdgewehr zuvor

Selkirk übersieht den überbuschten
Abhang stürzt hinab die Ziege auf die
er fällt rettet ihm sterbend das Leben

Selkirk lag drei Tage lang bewusstlos
auf der toten Ziege er erkennt es
am Stand des Mondes nickt geht wieder heim

Selkirk züchtet kleine zahme Ziegen
die ihm Milch geben wenn er krank wird
wird er notfalls eine davon schlachten

Selkirk wacht nachts auf vom Kitzeln am Fuß
Ratten die an seiner Hornhaut nagen
so beginnt er die Katzen zu zähmen

sollte ein Schiff ihn retten er wäre
sagt er ein schlechterer Christ als hier
auch würde er Schuhe tragen müssen

mit den Katzen und den sieben Geißlein
zum Psalmengesang auf ihrer Insel
barfuß vor seinen Hütten im Licht des

aufgehenden Vollmondes springt Selkirk

(Heinrich Detering: *Untertauchen*, Göttingen 2019, S. 26f. Für
die Abdruckgenehmigung danken wir dem Autor herzlich!)

Selkirks Ziege

Selkirk streicht sacht seiner Ziege über
den dunklen Streif am zartgeschwungenen
Rückgrat; ihr Fell ist warm und riecht freundlich.

Selkirks Ziege legt manchmal beim Melken
ihren Kopf auf seine Schulter. „Du bist
hier bei mir.", denkt sie und: „Es ist gut so."

Selkirk bringt ihr den Klee vom Hang und schützt
sie vor wilden Tieren, sie kann ja nicht
laufen wie andre Ziegen, sie braucht ihn.

Dass er selbst es war, der ihre Sehnen
ihr durchtrennt hat als Zicklein, damit sie
nicht mehr flüchten kann, hat sie vergessen.

Selkirks Ziege liegt abends am Feuer,
sieht ihn tanzen und freut sich an seiner
Bewegung, er tanzt für sie und für sich.

„Notfalls", denkt Selkirk und sieht ihr nicht in
die gelben, hellbewimperten Augen,
„notfalls kann ich sie jederzeit schlachten."

Ruth Finckh

Selkirks Inselabschied

Selkirk entlässt die Ziegen aus dem Stall
die Tür der Hütte bleibt weit offen stehn
für alles was nun nach ihm kommen mag

Selkirk steigt in das Segelschiff mit nichts
an den Füßen am Körper und doch schwer
beladen mit dem was nichts wiegen kann

Selkirk vergisst die Psalmen zu beten
nickt und starrt auf die schmutzigen Schuhe
des Matrosen der jüngst über Bord ging

Selkirk schlüpft nicht in das alte Schuhwerk
er wendet sich ab von seiner Insel
und das Mondlicht blendet ihn zu Tränen

Selkirk tritt barfuß in eine Scherbe
die steckte in den wankenden Planken
er dankt für die spitzen Steine und tanzt

Adrienne Lochte

Die ersten Tage

Selkirk lag drei Tag wie tot
das Schiff war längst zerschellt
In Klippen lag das Wrack

Ein Regen tropft ihm aufs Gesicht
fällt auf sein wirres Haar
Säuft Pfützen wie ein wildes Tier

Hätt's sonst nicht anders überlebt
Frisst Blätter, Nüsse wie ein Tier
hätt's sonst nicht anders überlebt

Krämpfe schütteln ihn das Kraut war schlecht
speit sich die Seele aus dem Leib
liegt zitternd, frierend unter Bäumen

Rafft sich am nächsten Morgen auf und
baut ein Dach aus Blättern, Zweigen
legt sich in ein Nest aus Laub

Schlägt Funken aus zwei Steinen, schlägt's
in trocknes Moos es braucht
vier Stunden bis das Feuer brennt

Selkirk krümmt sich um das Feuer
wärmt sich Hände, Füße, Wams und Hemd
Es flackert wie sein Leben.

Michael Groß

Selkirk blickt zurück

Sie sind gekommen, endlich.
Ich bin frei endlich.
Frei vom Hunger, vom Schmerz
von den Flöhen dem stinkenden Fell.
Und doch:
Der warme Geruch der Ziegen
am Abend,
das Prasseln der Gischt auf den Felsen,
der Palmenschatten und
manchmal im Mondlicht
vor meinen Hütten
mein Tanz
mein
wilder Tanz

Ruth Finckh

Selkirks Rückkehr

Selkirk baut eine Hütte im Garten
die er benutzt anstatt des Schlafzimmers
das in einem Haus ist das mal sein Haus war

Selkirk betet weiter einsam seine Psalmen
in Gottes Haus fühlt er sich Gott so fern
ertrinkt in einem Meer aus Gläubigen

Selkirk kann nicht in das Haus aus Steinen
zu dick die Wände zu fern die Natur
kann dort das Leben um sich nicht hören

Selkirk zieht schließlich wieder Schuhe an
die Straßen zu hart unter den Sohlen
die Blicke der andern stechen die nackten Füße

Selkirk macht seine Hütte einen Stall
er kauft sich Ziegen dafür nachdem er
sich fast an denen vom Bauern vergriff

Selkirk wird von andern ständig beäugt
sie alle flüstern über ihn hinter seinem Rücken
nennen ihn seltsam er überlegt stimmt still zu

Selkirk reißt seinen Gartenzaun ein
fühlt die Enge ihn langsam erdrücken
er will näher und weiter und ferner

Selkirk wacht nachts auf vom Krach auf Straßen
Menschen ziehen lärmend vorbei er kann
für lange Zeit nicht wieder einschlafen

weit weg ist er in seinen Gedanken
ein besserer Christ und glücklicher dort
kann sich an Schuhe nicht mehr gewöhnen

verkauft die Ziegen setzt aus die Katzen
Psalmen singend lässt er seine Hütte zurück
barfuß auf der Straße, dem Weg, dem Holz

unter der Sonne betritt Selkirk ein Schiff

Leonora Wulff

Selkirks Heimkehr

zuerst war das Schiff
wie eine Fata Morgana
oder eine seiner Halluzinationen

dann dröhnte das Horn
und seine Ziegen rannten
davon wie von Tigern gescheucht

Abgase ließen sich auf die Insel nieder
und krochen in die Ritzen
bis selbst die Ratten röchelten

Fragen prasselten auf ihn herab
wie die Regenzeit und erdrückten
seine einsilbigen Antworten

Hände pressten seine Schultern
zeigten auf seinen verwahrlosten Zustand
der doch eben erfolgreich überleben gewesen

sie gaben ihm eine Rettungsweste
er stieg ein in das rettende Boot
und seine Retter lachten

und Selkirk war rettungslos

Marah Baer

Die Scheininsel

Mirjam Elisa Ritz

Meine müden Augen gehen leer übers Meer. Seit Jahren durchleide ich ein Inselleben im monotonen Gleichklang. Erinnerungen verschwimmen. Meine Frau, meine Kinder, alles, im Kopf nur ein Bilderwirrwarr. Das Chaos in mir regiert. Nur ein klares Bild ist übrig: Ein Auto knallt bei Glatteis gegen einen Baum. Danach: Blackout. War es ein Unfall? Wird die Vergangenheit je greifbar sein?

Dieser Ort ist eine Idylle: Palmen, Kokosnüsse, bunte Blumen und Vogelgezwitscher, meine große Villa mit bequemen Sofas und riesigen Bücherregalen. Und am Abend: ein prasselndes Kaminfeuer. Die Tiere sind zutraulich und zahm. Die Pflanzen grün und fruchtreich. Jeden Tag Spaziergänge am Strand, ausgelassene Partys und viel Sonne. Es gibt keinen Regen und keine Kälte. Aber warum überleben Wälder und Wiesen trotzdem?

Ich traue der Insel nicht. Sie ist zu paradiesisch und zu schön. Die Einheimischen sind zu freundlich.
Hinter diesem Ort verbirgt sich etwas Bedrohliches. Ich muss weg von hier, zu meiner Familie zurück, die mich sicher kläglich vermisst. Kann ich übers Meer entkommen? Wieso existieren hier keine Boote? Warum löst sich das gesammelte Material am nächsten Tag in Luft auf? Die schmerzende Wahrheit greift nach mir wie ein Raubvogel.

Diese Welt ist nicht real. Bin ich tot oder im Koma? Ich weiß es nicht. Ich muss den Gedankennebel lichten. Doch er nimmt mich ein, lässt mich niemals frei. Gefangen in der falschen Welt. Aber ich darf nicht aufgeben.

Finde ich keinen Weg heraus, ist irgendwo ein Kind sehr traurig.

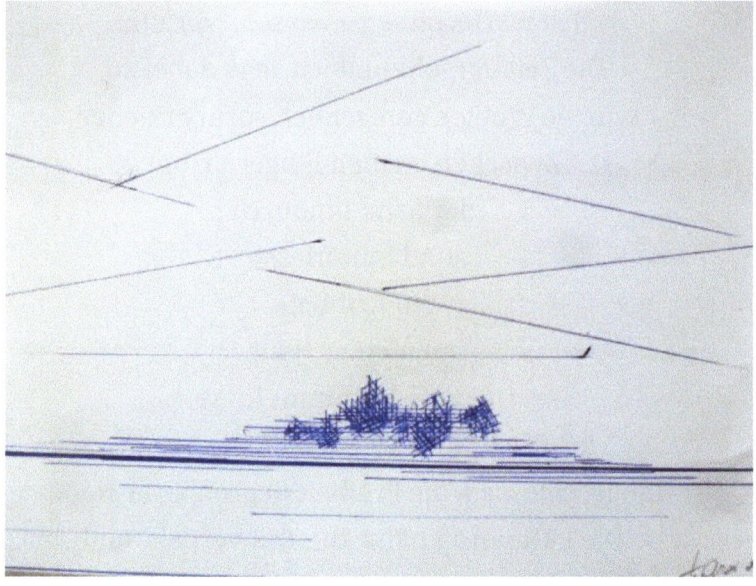

Bild: Hansi Sondermann

Sanduhr

Ich warte, ohne zu wissen, worauf.
Die Zeit vergeht und ich sehe dabei zu,
wie die Wolken gemächlich vorüberziehen.
Zwischen meinen Fingern rinnt
der Sand hindurch
und hinterlässt
ein Kribbeln
auf meiner Haut.
Das Glas bekommt Risse,
ich zeichne sie mit den Fingern nach.
Eingeschlossen, die Freiheit in greifbarer Nähe.
Die Luft wird knapp, die Zeit vergeht und
ich warte, ohne zu wissen, worauf.

Alexandra Grupe

Hermine W., einundsiebzig Jahre alt, eine Insektenforscherin voller Tatendrang, hatte sich im August 2012 einer kleinen Gruppe von Wissenschaftlern angeschlossen, die in der Nähe von St. Ulrich im Grödnertal besondere Steingebilde und seltene Insekten finden und begutachten sollten. Sie hatte gerade einen Felsbrocken bewegt, unter dem sie eine seltene Art eines Rüsselkäfers vermutete, als im gleichen Augenblick eine tiefe Männerstimme erschallte: „Haben Sie nicht gesehen, dass ich den Stein, den sie angehoben haben, gerade fotografieren wollte?" Hermine blickte in das Gesicht eines älteren Herrn in flotter olivgrüner Wanderbekleidung: „Ich habe gelernt, dass man das, was man gerade tut, immer zu Ende bringen muss. Haben Sie das nicht so gelernt?" Er hatte. „Ich bin Alois, ich bin zweiundsiebzig Jahre alt und Geologe", stellte er sich vor, „und ich versuche immer noch permanent, Dingen und Ereignissen auf den Grund zu gehen." Er betrachtete Hermine in ihrem lässigen cremefarbenen Outfit mit dem etwas verknitterten Sonnenhut auf ihrem weißblonden Haar mit wachsendem Interesse. Auch Hermine war der großgewachsene Alois mit der sonoren Stimme absolut nicht unsympathisch. Sie entfernten sich von der Gruppe und fanden einen guten Platz zwischen den Felsen. Es entspann sich eine sprudelnde Unterhaltung über eine Vielzahl von Themen; letztlich stellten beide fest, dass sie besonderes Interesse an Dingen und Vorgängen hatten, die sich im Gegensatz zu ihren wissenschaftlichen Forschungen außerhalb des materiellen und gegenständlichen Wissens befinden. Und beide hatten eine nahezu unstillbare Neugier.

Ihre Neugier beschränkte sich bald nicht mehr nur auf wissenschaftliche Gebiete. Jeder wollte gern mehr vom neuen Partner wissen. Sie verlängerten den Aufenthalt in den herrlichen Dolomiten privat um zwei Wochen, verstanden sich blendend, oft auch ohne Worte und entdeckten die wundersame Welt von Zärtlichkeit im Alter. Am Ende des kleinen Urlaubs beschlossen beide, ihren Ruhestand und den restlichen Teil ihres Lebens gemeinsam zu verbringen. Sie trennten sich – nicht ohne Tränen – von ihren jeweils letzten Partnern, erwarben ein kleines Haus mit Garten in Starnberg, besorgten sich alle möglichen Kommunikationsmittel und forschten weiter in Themen jenseits der herkömmlichen stofflichen Wahrnehmung. Sie fanden heraus, dass sie durch ihre Zuneigung hervorragend zusammenarbeiten konnten, beherrschten bald meisterhaft die Meditation und fanden großes Gefallen an den immer komplexer werdenden Traumwelten mit Landschaften, Pflanzen und Tieren, die sie noch nicht kannten, und an Licht-, Schatten- und Wärmespielen, die sie begeisterten. Ihre Erfahrungen, einzeln und gemeinsam, speicherten sie in regelmäßigen Abständen auf Datenträgern.

Mit zunehmendem Alter, aber mit immer noch brennender Neugier, änderte sich der Fokus ihrer Forschungen. Das große Thema zwischen beiden wurde nun das Leben nach dem Tod. Beide waren überzeugt, dass es dieses Leben gibt oder einfach geben muss. Sie wälzten dicke Bücher über die Unterwelt der Antike, kannten sich im Hades aus und begeisterten sich an der Beschreibung des Elysiums. Sie erforschten das, was die monotheistischen Religionen über das ewige Leben geschrieben hatten und fanden die Schilderungen aus der Offenbarung des Johannes in der Bibel und die Beschreibungen des Paradieses im Koran begehrens- und erlebenswert. Sie lernten viel über das Nirwana der Buddhisten und die Reinkarnationslehre der Hindus und lasen voller Interesse Abhandlungen über die Vorstellungen der Naturvölker vom Jenseits. Letztlich beschäftigten sie sich mit dem geheimen Wissen der keltischen Druiden.

Hermine war dreiundachtzig und Alois vierundachtzig Jahre alt geworden. Ihre Körper waren gebrechlich, aber ihr Denkvermögen war ungebrochen. „Was denkst du, mein Lieber", fragte Hermine eines Abends im November 2024, „willst du eines Tages einfach sterben, dich in einen Sarg legen und dich vergraben oder verbrennen lassen? Ohne nachzudenken? Oder bist du immer noch neugierig auf das, was kommen wird?" Die Antwort kam prompt: „Natürlich will ich wissen, was nach meinem Tod passiert. Es ist für mich ein schrecklicher Gedanke, in der Erde zu liegen und zu verwesen. Schrecklich auch, dass alle Erkenntnisse in meinem Leben dann mit verwesen!" Bei beiden wuchs in den folgenden Wochen der Wunsch, solange ihre geistige Kraft noch wach war, aus eigener Entscheidung gemeinsam aus dem Leben zu gehen. Bestärkt wurde dieser Wunsch durch die in der Literatur und im Internet erhältlichen ausführlichen Schilderungen über Nahtoderfahrungen von Menschen, die nach dem Tod wieder ins Leben zurückgefunden hatten. Alle diese Schilderungen hatten gemeinsam, dass nach einer kurzen Phase in absoluter Dunkelheit das Leben dieser Patienten außerhalb ihres Körpers fast ausnahmslos in Helligkeit, Schönheit und absoluter Zufriedenheit abgelaufen war.

Auf der Suche nach Adressen von gesetzlich erlaubten Sterbehilfe-Organisationen stießen sie auf ein „Institut Avalon 24 – Sterbehilfe für alle Religionen" in Duisburg-Westhafen. Sie machten sich auf den Weg und standen bald vor einem schmucken weißgestrichenen Altbau, an dem ein goldenes Firmenschild Auskunft gab über die dort tätigen Experten aus Theologie, Medizin und Soziologie. Der Name des Institutsleiters, der sie empfing, war Dr. Charon. Der Name ließ Hermine frösteln, schließlich erinnerte er sie an den antiken Fährmann. Der groß gewachsene imposante Mann mit freundlichen Augen gab sich aber alle Mühe, den beiden Wissenschaftlern in besonders familiärem Ton das Angebot des Instituts zu erläutern. Er nannte es „Reiseangebot". Es bestand hauptsächlich aus einem Zeitplan, den mentalen Vorbereitungen, den Unterstützungsleistungen der Experten aus den verschiedenen Religionen und der Preisliste für ihre Dienste. Als Höhe- und gleichzeitig Endpunkt bezeichnete Charon eine Schiffsreise zu einer tropischen Insel westlich von Indien. Er nannte diese Insel liebevoll „unser Avalon" und beschrieb sie den beiden in leuchtenden Farben, untermalt von einem Video mit herrlicher tropischer Blütenpracht und phantastischen Lichtspielen. Nach einem Rundgang durch das Institut wurden Hermine und Alois entlassen mit der Bitte, sich innerhalb von vier Wochen zu dem Angebot zu äußern.

Die Überlegungsfrist war für Hermine und Alois eine Tortur. Immer wieder geriet Alois in Zweifel: „Bist du sicher, Hermine, dass dieses Angebot dem entspricht, was wir eigentlich wollen?" Hermine entgegnete regelmäßig: „Bist du sicher, dass Charon nicht ein Scharlatan ist, der uns um mindestens 50.000 Euro erleichtern will und uns dann irgendwo ins Meer wirft?" Die Argumente wogten hin und her, besonders weil beide immer noch so gespannt auf das waren, was in der Literatur so vielfältig und vielfarbig beschrieben wurde. Die Zweifel wurden stärker.

Hermine und Alois waren kurz davor, in einen handfesten Streit zu geraten. Besonders ein Gedanke nahm bei Hermine immer mehr Raum ein: „Haben wir eigentlich den Unterschied zwischen dem ‚normalen' Sterben und der vorzeitigen Beendigung des Lebens ausführlich ausdiskutiert, lieber Alois?" „Du weißt doch, dass wir zusammen bleiben und zusammen gehen wollten", war seine Antwort, „aber ich bin bereit, alles noch einmal zu überdenken".

Schon nach zwei Wochen hatten sie für sich entschieden, dass sie das Angebot von Charon nicht annehmen wollten. In einem sehr langen Gespräch miteinander hatten sie ausgelotet, dass ihnen das Aussuchen ihres Sterbens aus einer Preisliste und die geschäftsmäßige Kälte der Organisation zuwider waren, dass sie stattdessen lieber noch ein paar Jahre leben wollten und ihre Neugier bezwingen könnten. Sie beschäftigten sich jetzt mehr mit dem normalen Ableben und konnten sich inzwischen auch wieder vorstellen, zu unterschiedlichen Zeiten zu sterben und sich in einem weiteren spirituellen Leben wiederzufinden.

Sie verkauften ihr Haus und meldeten sich in einer Seniorenresidenz mit einer großen Bibliothek an. Sie veröffentlichten mit Erfolg ihre Aufzeichnungen aus der Zeit des Suchens.

Aber ab und zu träumten sie doch noch von einer bunten tropischen Insel westlich von Indien.

Der Erinnerungsarchipel   *Frauke Twiehaus-Fischer*

Vor meiner Küste drängen sich Erinnerungen in eine Vielzahl größerer und kleinerer Inseln zu einem Archipel, der ständig in Bewegung ist. Denn die Inseln steigen nicht aus dem Meeresboden auf, sondern schwimmen und schaukeln auf den Wellen, so dass sie jederzeit ihren Platz wechseln können und sich nach jedem Wechsel in neuer Umgebung finden. Jede ist in ihrer Beschaffenheit und in ihrem Aussehen geprägt von der Erinnerung, aus der sie gewachsen ist: Neben steinigen Berghängen, manche davon üppig grün bewachsen, gibt es flache, freundliche Felder voll frühlingsgelbem Raps und Alleen mit blühenden Linden oder Kastanienbäumen, Moore, Gestrüpp und weite Heidekrautflächen, aber auch endlose, ausgebrannte Erdflächen nach Kohleabbau.

Hitze, Frost, Stürme und Überflutungen verwandeln immer wieder die Gesichter der Inseln und manchmal brechen ganze Stücke Inselland weg und verschwinden in der Tiefe. Auf manchen gibt es auch Häuser, Wohnungen mit Zimmern und Tisch und Sessel und ein Bett darin. Oder Straßen durchqueren das Eiland.

Wenn es günstigen Wind gibt, steige ich in das Segelboot, das am Strand bereitliegt, segle los und lasse mich treiben zu dieser oder jener Insel. Dann mache ich das Boot fest, die Erinnerung fasst mich und erzählt und zeigt mir ihre Geschichte bis zum Ende. Manchmal ruft sie mir hinterher, ich solle bald wiederkommen, was ich oft gar nicht hören will. Immer wieder jedoch wohnt auch ein wildes Tier auf der

Insel, zu der mich mein Boot getrieben hat. Dann muss ich erst leise und sanft zu dem ungebärdigen Tier sprechen, bis es sich so weit beruhigt hat, dass es mir seine Geschichte erzählen kann. Am Ende brüllt es wieder und ich brülle laut mit und wir brüllen zusammen und man kann es über den ganzen Archipel hören.

Und dann ist es wieder still.

Foto: Manfred Kirchner

In die Knie gehen *Jonas Richter*

Ich habe kaputte Knie. Vor allem das linke hat seine Geschichte. Das rechte Knie wurde erst problematisch nach zwei, drei Jahrzehnten der Überbelastung (um die Probleme des linken Knies zu kompensieren). Noch bevor ich laufen lernte, bemerkte meine Mutter, dass mein linkes Knie dicker wirkte als das rechte. Ärzte stellten einen Tumor an der Wachstumsfuge unterm linken Knie fest. Mehrere Jahre suchten meine Eltern, bis sie einen Arzt fanden, der sich an eine Behandlung wagte. Details beiseite; ich habe seit Kindesbeinen (haha) im linken Knie eine Bewegungseinschränkung (ich kann es nicht weit beugen) und Arthrose.

Belastungsschmerzen nach langem Laufen oder Stehen, auch Schmerzen nach langer Einengung – z.B. im Auto – das kannte ich schon seit der Schulzeit. Vielleicht auch schon vorher, aber ich erinnere mich nicht oder habe als kleines Kind den Zusammenhang nicht verstanden. Als Teenager habe ich dann die Belastungen deutlich reduziert. Keinen Sportunterricht mehr, kein langes Bummeln in der Stadt, keine Wanderungen. Die Spaziergänge mit der Hündin habe ich trotzdem noch gemacht.

Die Krankengymnastik nach zwei OPs Mitte der 90er war gut, glaube ich. Aber ich ging an meine Grenzen. Danach fühlte ich mich stets wie eine Hülle und innen nur Feuer.

Trotzdem würde ich sagen: Früher waren die Schmerzen selten. Und gleichzeitig: Vertraut. Ich wusste, wo sie herkamen. Sie überraschten mich nicht, wir kannten uns. Inseln, auf denen ich immer mal wieder anlegen musste.

Jahre später, vielleicht Mitte der 2000er, auch wenn ich nicht mehr exakt sagen kann, wann: Ich weiß noch genau, wo ich gerade mit dem Fahrrad entlangfuhr, als mich ein stechender Schmerz überraschte. Es tat weh, natürlich, aber vor allem verunsicherte es mich sehr: Wo kam das her? Warum? Noch ein paar Jahre später, und auch aus dem rechten Knie meldeten sich immer öfter Schmerzen. Die Jahre vergehen. Die unerwarteten Schmerzstiche sind häufiger und mit der Zeit auch irgendwie vertrauter geworden. Sie überrumpeln mich, sie überraschen mich aber nicht mehr.

Früher waren die Schmerzen selten. Jetzt sind sie häufiger, alltäglicher. Mal stärker, mal weniger beeinträchtigend. Was Inseln in einem Meer relativer Schmerzlosigkeit waren, wandelt sich. Die Landmassen wuchsen, wachsen weiter, die Wellen weichen. Letztes Jahr habe ich mit dem Hausarzt über Schmerzmittel gesprochen. Ich übe noch, sie zu einzusetzen, nehme sie zu selten. Gewöhnung an die Schmerzen, die ich lange Zeit auszublenden geübt habe. Umgewöhnung, achtsamer zu sein, mehr auf die Schmerzen zu fühlen. Angst, übersensibel zu werden, theatralisch. Misstrauen gegenüber mir selbst. Wissen, dass das alles noch harmlos ist. Relativ leichte Schmerzen. Ich komme gut durch den Alltag. Manche Menschen kennen mich über Jahre, bevor sie das erste Mal bemerken, dass ich humpele.

Angst. Vor dem Kontinent, der aus dem Meer treibt. Dass ich nicht mehr im Boot segeln kann, sondern laufen muss. Laufen macht es nicht besser. Wie kann ich unter Schmerzmitteln spüren, was meinem Knie zu viel Belastung ist?

Der langfristige Plan, den mir Ärzte schon unterbreitet haben, bevor ich volljährig war, lautet: Möglichst lange die Schmerzen aushalten, dann eine Knieprothese. Nicht zu früh. Prothesen halten nicht ewig, und man kann nicht beliebig oft eine neue Prothese einsetzen, weil jedes Mal etwas von den Schenkelknochen dabei draufgeht, an denen die Prothese festgemacht wird.

Vor mehr als zwanzig Jahren erklärte mir ein Arzt, dass meine Bewegungseinschränkung auch mit einer Prothese bestehen bliebe, weil zwar Knochen und Knorpel ersetzt würden, aber die Bänder beibehalten blieben. Und noch heute frage ich mich: Ist das so? Muss das so sein? Vielleicht könnte ich mit einer Prothese mein Bein doch viel weiter beugen. Dann könnte ich die Ausgleichsbewegungen, die ich bislang mache, verringern, wodurch meine Hüfte und mein Rücken entlastet würden. Das klingt sinnvoll, verantwortungsvoll.

Ich könnte mich vielleicht auch einfach mal hinknien.

Es ist absurd, wie verlockend das klingt.

Dass ich dann vielleicht auch weniger Schmerzen hätte – zumindest in dem Bein mit dem ersetzten Knie – ist eher ein nebensächlicher Gedanke. Kontinente sind auch nur Inseln.

In memoriam Sir Ernest Shackleton

Blinzelnd entsteht der Horizont auf Augenhöhe
knallblau über einer Wüste glitzernd weiß.
Jede Nacht schlafen wir auf einer Insel aus Eis
unter unseren Rettungsbooten.
Pokern tags zum Zeitvertreib.

Nichts rührt sich.
Was ist da draußen?

„All well?"
„All safe, all well boss!"
Wir sind alle auf Position.
Tage über Tage vergehen –
tanzender Schnee, tobender Sturm.
Nur abends sitzt Crean an der Ruderpinne und singt.

Jeden Tag schreiben wir ins Logbuch –
Hurley ist ein Krieger mit seiner Kamera.

„Do you fear death?"
Wie wird es sein, wenn wir zurück sind?

Wir werden uns erinnern.

Birgit Heymann

Where am I?

Where am I, when only I am always
here and there and everywhere?
May I sometimes feel lost in my exclusive presence?
Within this veritable hive of purely virtual communication?
Thrown back onto myself in all my daily things?

Only what I can touch, feels really real to me –
this table and this chair, this tea mug,
my hand, my arm, my face.

The world around my bubble island is like a film,
I watch but cannot touch,
it often feels unreal.
To be in touch
cannot replace a hug.

I see you and I do not see you,
I hear you and you're unheard of,
I'm unseen and untouched.

Yet every day, I put perfume on,
comb my hair and use my lipstick,
defiant still, and scared,
that otherwise I just might
cease
to
be
...
..

Martina Scheible

Wo bin ich?

Wo bin ich denn, wenn nur ich selber
immer hier und da und überall sein muss?
Darf ich mich manchmal verloren fühlen in meiner so aus-
schließlichen Gesellschaft?
Im Zentrum dieses Bienenstocks rein virtueller Dialoge?
Auf mich zurückgeworfen in allen täglichen Verrichtungen?

Nur das, was ich berühren kann, fühlt sich für mich auch
wirklich echt an –
dieser Tisch und dieser Stuhl, und dieses Teeglas,
meine Hand, mein Arm und mein Gesicht.

Die Welt um meine Seifenblaseninsel herum ist wie ein Film,
ich schau ihn an und kann ihn doch nicht fassen,
das fühlt sich oft so gänzlich unwirklich an.
Verbunden sein ersetzt mir
keine Umarmung.

Ich seh Dich und ich seh Dich nicht,
ich hör Dich und Du bleibst ganz unerhört.
Bin unsichtbar und unberührt.

Doch jeden Tag leg ich Parfüm auf,
kämme mein Haar, verwende Lippenstift,
voll Widerstand und voller Angst,
ich könnte sonst ganz plötzlich
aufhören
zu
sein
...
..

Martina Scheible

Inselleuchten

Gernot Sander

Ich weiß nicht mehr, in welchem Jahr und auf welcher Insel ich das Folgende erlebt habe, aber ich weiß noch, dass es einer der Abende vor Silvester war.

Meine Freunde redeten von Schlafengehen, aber ich war noch unruhig, mein Abend noch nicht fertig. Draußen war es eiskalt. So mummelte ich mich warm ein und ging noch einmal zum Strand. Dort erwartete mich ein märchenhafter Anblick.

Der Mond spiegelte sich diffus in einem von Eiskristallen silbern leuchtenden Strand, im Hintergrund Wellen mit weißen Schaumkronen, darüber der nachtschwarze, nur um den Mond herum schimmernde Himmel. Ich konnte mich kaum losreißen, erst die zunehmende Kälte zwang mich zum Rückzug.

Dieser überwältigende Anblick steht mir immer noch vor Augen, wenn ich „Insel" höre.

Illustration zum Text Inselleuchten   Samira Belmonte

Insel-Oasen im Frühling   *Samira Belmonte*

Wir saßen auf der Wiese hinter dem Museum. Es war der erste richtig frühlingshafte Tag, wenn die Sonne bereits alles wärmt, was ihre Strahlen erreichen, und man mit einer dünneren Jacke draußen sitzen kann. Wenn von den Schneeglöckchen nichts mehr zu sehen ist, weil die Maiglocken sie ablösen. Wo man zuvor tote Bienen liegen sah, weil ihre Völker nach dem Winter erst einmal Hausputz machen und den regen Betrieb langsam wieder aufnehmen, sah man sie jetzt vom Löwenzahn zum Klee summen und den Nektar aus den ersten Blüten der jungen Taubnesseln trinken.

Neben der Wärme spürte ich die Sonne auch Leben in meinen Körper hauchen und schloss die Augen, weil ich mir einbildete, den Moment nur so voll auskosten zu können. Ich öffnete sie wieder und das Rot meiner geschlossenen Lider wich einer Kaskade aus Grüntönen, dem Blau des Himmels, der mit weißen Kuhflecken gespickt war, und den vielen Blüten um mich herum. Gelbe, weiße, violette, ja sogar hellblaue Blumen ragten aus dem grünen Meer hervor wie kleine Inseln.

Und ich saß mit Antonie auf unserer eigenen kleinen Insel aus Stoff dazwischen. Sie lag auf der Seite und las. Hin und wieder kicherte sie oder las mir Stellen vor, die ihr gefielen. Zwischen uns lagen meine Aufzeichnungen, die ich eigentlich nachbereiten wollte, aber ich konnte mich nicht losreißen von der Umgebung und gab mich stattdessen meinen Tagträumen hin.

Der Wind drehte sich und trug das Plätschern des Bachs in Wellen über die Gräser zu uns und blies mir meine Haare in die Augen. Ich strich sie mir hinters Ohr. Als ich diesmal die Augen schloss, achtete ich auf die Geräusche um mich her. Der Wind spielte mit den Blättern der Bäume und trug mich fort ans Meer, wo sich die Wellen kraftvoll am Felsen brechen und sich weißer Schaum bildet.

Die Vorstellung davon hatte sich in mein inneres Auge eingebrannt und ich sah das Meer nun vor mir. Die Sonne brach sich an den dünnen Blättern und Stängeln und der schwache Wind formte sanfte Wogen an der Oberfläche. Neben meinem Ohr brummte eine dicke Hummel und flog schwerfällig an mir vorbei. Ein kleiner Kohlweißling hatte sich von ihr unbemerkt auf Antonies Kleid niedergelassen. Ich tippte ihr auf die Schulter und zeigte auf ihn.

Ihre Augen leuchteten auf und fingen die Wolken vom Himmel ein. Der Schmetterling hatte sich wieder verabschiedet. Und dann sah ich mich in ihren Augen und musste wegsehen. Sie lachte fröhlich und setzte sich aufrecht hin, das Buch vergessen. Antonie strahlte mich an und zeigte auf eine kleine Insel aus Löwenzahn. Zwei Bienen krabbelten emsig auf den staubigen gelben Kissen umher und tauchten ihre Rüssel tief in die unzähligen gerollten Blütenblätter.

Etwas weiter davon brach eine Feuerwanze an die Oberfläche. Ihre Beine tasteten nach dem nächsten Grashalm, fanden ihn nicht, und sie tauchte wieder in die Fluten ein, um einige Zentimeter weiter erneut auf den Grashalmen zu tanzen.

Neben mir erstarrte Antonie und fiepte. Eine Hummel hatte sich in ihren Haaren verfangen und brummte nun aufgeregt. Ich näherte mich langsam und versuchte, sie zwischen den Strähnen hervorzugraben. Die Hummel griff sich an meinem

Finger fest und krabbelte daran entlang. Mit der anderen Hand strich ich Antonies Haare glatt. Gemeinsam bestaunten wir die geflügelte Pelzkugel dabei, wie ihr Rüssel meine Haut abtastete. Antonie hielt ihre Hand gegen meine, und die Hummel krabbelte sorglos zu ihr hinüber. Antonie hob sie zu sich, betrachtete sie eingehend und streckte sich dann nach dem nächsten Klee, und so verabschiedete sich auch dieses Tier von uns. Antonie grinste mich an. Dann warf sie sich zurück, die Hände hinterm Kopf verschränkt. Ihr Lachen fügte sich in den Chor der singenden Vögel ein und ein kleiner Kohlweißling flatterte vorbei. Vielleicht war es derselbe, mit dem der Zauber begonnen hatte.

Es war seltsam, aber mit einem Mal war ich völlig im Jetzt, meine Sinne wach. Eine Gänsehaut bildete sich von all den Schauern, die mir durch den Körper jagten, meine Kehle wurde trocken und mein Blut rauschte mir in den Ohren, ich konnte mein Herz im Hals schlagen hören. Meine Sicht verschwamm, mir wurde schwindelig und ich blinzelte den Schleier aus meinen Augen. In der Ferne landete ein Mäusebussard im Wipfel einer Eiche. Kleine Spatzen zirpten und spielten miteinander, wenn sie nicht gerade auf Nahrungssuche waren.

Es waren Tage wie diese, Schauspiele wie diese, die mir die Schönheit der Natur offenbarten und mich schließlich zur Naturwissenschaft führten, all die vielen kleinen, oft verborgenen Inseln des Lebens und der Zauber ihres Seins.

Die Welt zu erleben aus den Augen des Käfers. Wie weit muss ihm die Welt erscheinen? Wie weit der Weg von einer Pflanze zur nächsten? Was er wohl denkt, wenn ein Mensch, den Titanen der Vorzeit gleich, an ihm vorübergeht, den Kopf so hoch in den Wolken, dass er den Käfer nicht bemerkt, wahrscheinlich nicht einmal weiß, dass es ihn überhaupt gibt?

Die Haare in meinem Nacken stellten sich auf, ich wurde beobachtet. Es war Antonie, die noch immer mit verschränkten Händen neben mir auf der Decke lag und mich anlächelte, die Augen von Tagträumen verklärt. Ihr Blick blieb kurz noch bei mir und wandte sich dann in den Himmel, suchend, findend. Sie hob einen Arm und zeigte in die Wolken. Ein Baum. Dort ein Croissant und schließlich ein Herz. Und wieder ihr Lachen, klar und voller Leben, Nachhall unbekannter Welten und ozeanischer Tiefen, die mir noch verborgen blieben.

Ich war froh, nicht mehr allein auf meiner Insel aus Stoff im Wiesenmeer zu treiben.

Bild:
Samira
Belmonte

Corona-Insel

Es schimmert der Bildschirm.
Er zeigt dein Gesicht mir:
Ein Fest für die Augen!
Doch fehlt die Umarmung,
der Kuss auf die Wange,
dein Blick meinen Augen.

Kein „Like" kann's ersetzen,
den Steg mir nicht bieten,
der mir es erlaubte,
die Ferne zu wandeln
in wärmende Nähe.

Betritt meine Insel
und lass mich auf deine.
Ich möchte dich spüren,
die Hände dir reichen.

Doch grade weil du's bist,
muss ich es wohl lassen,
geduldig noch warten.
Bald ist er gefahrlos,
so bleibt mir zu hoffen,
der Schritt von der Insel
zu deiner und dir.

Hans-Jochen Hüchting

Fockes Traum

Helga Margenburg

Focke Rass gähnte. Bis eben hatte er in dem alten Geschichtsbuch von Norderney gelesen. Das Lesen hatte ihn ermüdet. Immerhin war er schon 81, gleich wurde es Zeit für seinen Mittagsschlaf. Er nahm seine Wolldecke, legte sich aufs Sofa und schloss die Augen. Das Gelesene ging ihm nicht aus dem Kopf. Wie ruhig musste es annodazumal auf der Insel gewesen sein, als es den heutigen Tourismus noch nicht gab! Nur ein paar Häuser und Pferdefuhrwerke, und die Insulaner waren unter sich, jeder kannte jeden. Sein Vater und sein Großvater – beide hießen auch „Focke", weil der Name bei den Jungs von Generation zu Generation weitergegeben wurde – hatten ihm oft erzählt, wie es früher auf der Insel ausgesehen hatte, als sie selbst noch Kinder waren. Das war lange her, noch bevor es das Krankenhaus, die Schulen, die Kirchen, die Seenotrettung, die Entdeckung der Heilkraft des Meeres und den darauf folgenden Bädertourismus in der heutigen, modernen Art und Weise gegeben hatte. Die Entwicklung vom Fischerdorf zu einem modernen Seebad war wirklich rasant vorangeschritten,

Die Erzählungen hatten fast wie ein Märchen geklungen. „Ja, ja", murmelte Focke, „einst Fischer, jetzt Ferienwohnungen. So'n Schiet aber auch!" Jeder, der auch nur ein freies Bett hatte, war zum Vermieter geworden, da machte selbst seine Familie keine Ausnahme. Inzwischen gab es fast vier Millionen Übernachtungen im Jahr und die Insel platzte aus allen Nähten. Auch wenn die Gäste eine Menge Geld in die

Kassen der Insulaner spülten und die meisten Einheimischen dadurch zu Wohlstand gekommen waren, so machten sie doch auch Manches kaputt, fand Focke. Sie hinterließen Dreck am Strand, sie machten Lärm und sie trampelten durchs Naturschutzgebiet. „Ach, hätten wir noch einmal die alten, ruhigen Zeiten, ohne Touristen und all den Trubel. Wie schön wäre es, wenn wir unsere Insel wieder für uns allein hätten", dachte er. Er seufzte, drehte sich auf die andere Seite und schlief ein.

Er träumte: Der Strand war leer. Träge, gleichmütig leckten die Wellen am Ufer. Die Strandkörbe im Sand wackelten, und das kam wirklich vom Wind. Keine Radfahrer auf dem Deich, nur Schafe, soweit er schauen konnte. Kinder spielten mitten auf der Straße. Auf der Rentnerbank am Hafen saßen seine Freunde. Sie waren allein, keine einzige Frisia-Fähre spuckte hinter ihrem Rücken lärmende Menschenmassen aus. Der Wirt in seiner Stammkneipe hatte Zeit für einen Klönschnack mit ihm. Focke war glücklich.

Sein Schlaf war kurz, aber tief, und als er erwachte, wusste er erst nicht recht, wo er war. Er musste jetzt unbedingt an die frische Luft und einen Spaziergang machen. Doch als er durch den Ort ging, traute er seinen Augen nicht. Es war genauso, wie er es in seinem Traum gesehen hatte: Die Insel war zu einer Geister-Insel geworden, die Stadt menschenleer, die Strände auch, es kamen keine Fähren vom Festland, die Urlauber auf die Insel brachten. Alle Geschäfte sowie die Schulen waren geschlossen, kein Kinderlachen und Lärm auf den Straßen.

Wie konnte es sein, dass sein Traum so plötzlich wahr geworden war? Dann fiel sein Blick auf die Schlagzeile einer Zeitung, die im Fenster eines geschlossenen Kiosks klemmte:

CORONA jetzt auch auf Norderney – Inseln für Touristen gesperrt, stand da in fetten Lettern.

Nein, so hatte er sich das wirklich nicht gewünscht!

Bild: Adrienne Lochte

Tandem-Projekte

Der Text *My Summer Island* und das Bild dazu sowie der Text *Ekke Nekkepenn* in dieser Anthologie sind als generationenübergreifende Tandemprojekte der Offenen Schreibwerkstatt der UDL Göttingen entstanden. In diesen Projekten haben ein/e Regel-Student/in der Uni und ein/e Senior-Student/in aus der Schreibwerkstatt der UDL gemeinsam den Text geschrieben.

Bild: Samira Belmonte

My Summer Island
ein Tandemprojekt

Martina Scheible und
Samira Belmonte

Unser Tandem-Projekt entstand als Folge von mehreren ellenlangen Kennenlern-Telefonaten auf Whatsapp über ein halbes Jahr hinweg, um die notwendige Brücke zwischen unseren Lebens-Ländern Deutschland und England zu schlagen. Am Schluss war es dann ein Gedicht von Martina, zu dem sich ein Bild von Samira unbedingt gesellen wollte. Als wir zum Abschluss des Tandemprojekts über die Verbindung von Bild und Gedicht sprachen, wurde uns beiden klar, wie viele kleine Details im Bild vorkommen, die widerspiegeln, wie sehr wir instinktiv zusammengefunden haben und wie tief die gegenseitigen Einblicke in die Welt der anderen tatsächlich gehen. Ein wunderschönes Erlebnis, das wir nur weiterempfehlen können.

My Summer Island

My heart is still in summer
as it should be in August
The wide blue sky, the basking sun
My garden full of fruit and blossoms
A precious week of blue and gold
By the sea, in the sea
In the dunes so white and infinite
Sand and salt, my skin sun-kissed
Hands holding, building castles
Full of laughter, warmth, connection
The tender summer night sky
A gift of falling stars
So many wishes for myself, for others and the world
The endless was so possible

My heart is still in summer
As it should be in August
I don't know what my fall will bring
And I so wish myself
To be a falling star still,
Seen by many
And full of wishes to fulfill

My heart is still in summer
And can keep cradling sun and sea
As fall and winter will descend
As long as you're with me

Martina Scheible

Bild zu My Summer Island   *Samira Belmonte*

Ekke Nekkepenn
ein Tandemprojekt

Manfred Kirchner und
Jonas Lohstroh

Am Anfang stand die Idee, gemeinsam einen Text zum Thema *Inseln* zu schreiben. Bedingt durch die Corona-Kontaktbeschränkungen haben wir uns nur zum Anfang einmal kurz getroffen und grob das gemeinsame Vorgehen besprochen. Alle weiteren Kontakte zwischen uns waren – leider – auf Video-Konferenzen der Schreibwerkstatt, den Mailaustausch und WhatsApp-Kontakte beschränkt.

Wir haben, bevor wir zur Feder griffen, ausführlich darüber beraten, welches Thema wir unter dem großen Begriff *Inseln* betrachten wollen. Dabei gefiel uns beiden die Sage von Ekke Nekkepenn gut. Zwangsläufig sind wir auf die Geschichte Rungholts gestoßen und haben uns mit dieser versunkenen Stadt auseinandergesetzt. In einem weiteren Schritt sind wir via Internet an den Ort unserer Handlung, auf die Insel Pellworm, gegangen und haben hierzu ausführlich recherchiert, bevor wir die Handlungsstränge festgelegt und in Szenen aufgeteilt haben. Und dann, endlich, konnten wir unseren Gedanken freien Lauf lassen.

Jeder von uns hat zu den ihm zugedachten Szenen einen Text verfasst und ihn mit dem anderen ausgetauscht. So haben wir uns gegenseitig rezensiert und die Geschichte letztlich in die Form gebracht, wie sie in dieser Anthologie abgedruckt ist.

Ekke Nekkepenn

Skeptisch musterte Rieke das auf dem Flur aufgereihte Gepäck. Irgendetwas, so ihr Gefühl, fehlte. Laufschuhe, Shirts, Laufhosen, Badeanzüge, Freizeitkleidung, mehr wollte sie nicht mitnehmen. Und wenn sie dann noch etwas brauchten, war das nicht schlimm. Schließlich fuhren sie nur nach Pellworm zu ihren Eltern.

Sie freute sich schon sehr auf ein Wiedersehen, hatte sie Vater und Mutter doch drei Jahre nicht gesehen. Und skypen, dazu konnte sie ihre Eltern nicht mehr überreden. Wie weit war der Hautkrebs bei Dad fortgeschritten oder geheilt? Wenn sie mit ihm am Telefon sprach, versuchte er, sie zu beruhigen und leitete dann schnell zu anderen Themen über, fragte nach den Enkeln und Giesbert. Und ihre Mutter antwortete auf ihre Fragen nach Vater nur: „Du kennst ihn doch. Bevor der klagt, muss es ihm wirklich schlecht gehen." Irgendwie ergänzten sich die beiden schweigend, fand Rieke. Und es machte ihr Sorgen, dass ihre Eltern allein auf der Insel lebten, in dem alten Bauernhaus beim Hörn. Als sie Pellworm vor fünfzehn Jahren verlassen hatte und mit Giesbert nach Göttingen gegangen war, verliebt bis über beide Ohren, war sie froh gewesen, von zu Hause weg zu sein. Diese Öde auf der Insel! Nichts los. Schon damals hatten ihre Eltern ihre Trauer schweigend unterdrückt. Schweigend hatte die Mutter ihr dann die Kette mit dem Amulett, ein Erbstück von ihren Großeltern, mit dem Bild von Riekes Eltern in die Hand gedrückt.

Das Amulett! Das war es, was sie mitnehmen wollte. Sie schaute ihre Handtasche durch, ihren Schminkkoffer; für Merle Riekes Beauty Case, in dem sie sich immer mal bediente. Vergebens. Im Nachtschrank? Schnell hastete sie die Treppe hinauf in ihr Schlafzimmer. Wie lange hatte sie diese Kette schon nicht getragen. Ein Lächeln flog über ihr Gesicht, als sie dann endlich das Schmuckstück in ihrem Nachtschrank entdeckte. Spontan legte sie die Kette um ihren Hals. Ein Blick in den Spiegel, ja, so gefiel sie sich mit ihrer luftig leichten gelben Sommerbluse. Ein wenig hätte sie sich schminken sollen, fand sie. Dafür war aber jetzt keine Zeit mehr. Die letzten Wochen nur im Labor beim MPI, kaum Tageslicht, wenig Sonne, dann zu Hause Küche, die Kinder Johannes und Merle - zum Sport, zur Musikschule, zur Freundin, kutschieren, hierhin und dahin, Hilfe bei den Schulaufgaben - ein Mann, anscheinend unabkömmlich bei der Sparkasse; ihr Gesicht war recht blass geworden. Sie freute sich auf die Nordsee, auf Pellworm, auf ihre Eltern. Erneut huschte ein Lächeln über ihr Gesicht, ja, ihre blasse Haut würden Sonne und Seeluft schnell übermalen.

Als Rieke die Treppe herunterkam, hatte Giesbert schon die meisten Koffer, Taschen und Beutel im Auto verstaut. „Wo warst du denn? Wir müssen jetzt bald los, wenn wir die Fähre um sechzehn Uhr noch bekommen wollen! Merle, Johannes, habt ihr alles?"

„Paps, mein Lenkdrachen! Ich glaube, der liegt noch auf dem Boden. Den wollte ich doch so gern mitnehmen. Ich beeil mich auch."

„Kinder, ihr treibt mich noch zum Wahnsinn", schimpfte Giesbert, als dann auch Merle verschwunden war, auf der Suche nach irgendetwas. Angespannt lief Giesbert auf dem Flur auf und ab, nervös mit den Fingern an jede Tür und jeden Schrank tippend. Nach weiteren zehn Minuten waren dann alle wieder da, das Gepäck einschließlich Lenkdrachen war im Auto verstaut, die Kinder auf der Rückbank, Rieke auf dem Beifahrersitz, die Haustür abgeschlossen. Giesbert ging einmal schnell um das Haus, ja, alle Fenster und Türen waren zu. Nur die Nachbarin, der er den Hausschlüssel bringen wollte, öffnete nicht. Dabei hatte sie doch zugesagt, auf sein Haus aufzupassen, während sie im Urlaub waren. Er traf sie schließlich im Garten, als sie Blumen begoss. „Oh, entschuldigen Sie. Da habe ich nicht mehr dran gedacht. Ihre Telefonnummer habe ich ja schon ..., falls was ist. Einen schönen Urlaub und viele Grüße an ihre Frau!"

‚Das kann ja heiter werden', dachte Rieke, als Giesbert sich hinter das Lenkrad klemmte und mit Vollgas die Straße hinunterbrauste, stumm und geladen wie eine Kanone. ‚Nur jetzt nicht an der Lunte zündeln'. Und so schwiegen Rieke und die Kinder. Giesbert *fuhr sich ein* auf der A7 nach Norden und wurde wieder locker, nachdem er die ersten Baustellen ohne Stau passieren konnte.

„Sieht ganz gut aus ..., kein Stau bei Walsrode, Elbtunnel frei ..., bleibt hoffentlich so. Wann braucht ihr 'ne Pause? Fahrerwechsel wäre dann auch nicht schlecht."

„Wie sieht's aus, Kinder? Läuft doch ganz gut. Lasst Papa noch ein Stück fahren! Dann machen wir kurz vor Hamburg Pause?"

Johannes und Merle hatten andere Probleme. Wo war die Mitte der Sitzbank? Warum hatte Merle ihr Buch auf Johannes' Seite abgelegt? Ihm gefiel es überhaupt nicht, wenn seine zwei Jahre ältere Schwester versuchte, ihn zu gängeln oder zu erziehen. Sie hatte eine Grenze überschritten. Immer wieder flammte der Streit zwischen den beiden auf. Und dann: „Wie lange fahren wir noch?" „Wann sind wir endlich da?"

Giesbert polterte los: „Wenn ihr nicht gleich Ruhe gebt, setze ich euch beim nächsten Parkplatz aus!"

„Bert", so nannte Rieke ihren Mann gelegentlich, „bitte, warum bist du so barsch?"

„Die Arbeit. Eigentlich hätte ich noch zwei Termine abarbeiten müssen ... Hoffentlich machen das die Anderen richtig!"

„So, so, deine Arbeit also. Du hast doch so eine tüchtige Kollegin. Sucht dich während des gesponserten Wellness-wochenendes im Negligé in unserer Suite auf, während ich jogge und will mit dir irgendwelche Abschlüsse beraten. Ich muss doch mit dem Klammerbeutel gepudert sein, wenn ich das glauben soll."

„Rieke, bitte nicht jetzt, die Kinder ..."

„Oh nein, ich lasse mich nicht mundtot machen. Und dann erzählst du mir, deinen Ring habe bestimmt jemand vom Poolrand mitgehen lassen, eine Möwe oder so. Fehlt nur noch, dass ihn Ekke Nekkepenn geholt hat. Warum hast du denn den Ring überhaupt ... Pass doch auf, beinahe wärst du auf den vor uns aufgefahren!"

„Schluss jetzt, ich muss mich konzentrieren", brach Giesbert den Streit ab.

Rieke schaute schmollend zum Seitenfenster hinaus, spielte auffällig mit ihrem Amulett. Doch er nahm das nicht wahr. Johannes und Merle schwiegen auf der Rückbank und spielten Videospiele.

Rieke hatte ihren Mann vor Hamburg abgelöst und war zügig bis Nordstrand gefahren. Sie hatten noch etwas Zeit bis zur Abfahrt der Fähre um 16:40 Uhr. Giesbert war zerknirscht im Auto sitzengeblieben, während Rieke und die Kinder zum Hafen gegangen waren und dort Fischkutter ansehen wollten. Tief sog Rieke die Seeluft ein, die sie früher nicht gemocht hatte. Die Enge der Insel, keine Disco, nur wenige Freunde, diese Erinnerung verband sie mit dem Geruch.

„Du, Mama, wohnt hier auch eine Meerjungfrau wie Sursulapitschi?"

„Ach Hannes, Meerjungfrauen gibt es doch nur in Märchen oder in Geschichten wie bei Jim Knopf."

„Aber du hast vorhin doch von Ekke Nekkepenn gesprochen, der den Ring von Papa genommen hat. Wer ist das denn?"

„Ekke Nekkepenn ist auch nur eine Märchenfigur, Hannes. Opa kennt viele Geschichten von Ekke. Er hat mir immer wieder davon erzählt, wenn er mich abends ins Bett gebracht hat. Ich fand diese Märchen furchtbar und wollte sie nicht mehr hören. Prinzessinnen und Barbies waren viel interessanter. Er wird euch sicher gern einige dieser Legenden erzählen, denke ich."

Die Kinder zogen auf Entdeckungsreise entlang der Kaimauer zu den Fischerbooten. Rieke hatte sich auf eine Bank gesetzt, die Beine weit ausgestreckt, die Augen geschlossen und genoss die Nachmittagssonne. Und immer wieder huschte ein Lächeln über ihr Gesicht. Sie freute sich auf ihr Zuhause, auf ihre Eltern, auf eine Kutschfahrt auf der Insel mit ihrem Vater, auf die morgendliche Joggingrunde durchs Watt und über die Deiche mit ihren Schafen, auf die deftige friesische Küche ihrer Mutter. Erschrocken richtete sie sich auf, als sie von Merle angetippt wurde. Die Fähre war im Hafen eingelaufen; Zeit, zum Auto zurückzugehen.

Eine kurze Überfahrt, noch ein paar Kilometer mit dem Auto, dann waren sie auf dem Hof von Keno und Gesine Petersen angekommen, am Johannishörn auf Pellworm. Nach einer herzlichen Begrüßung bezogen die Kallmeiers ihre Zimmer, oben unterm Reetdach mit dem herrlichen Blick aufs Watt und zur Hallig Hooge, besonders romantisch bei Sonnenuntergang. Giesbert war mit den Kindern in den Stall zu den beiden Isländern gegangen. Vor allem wollte Merle unbedingt heute den Pferden Brötchen geben, die sie heimlich vom Reiseproviant abgezwackt hatte.

Rieke stand lange am Fenster und schaute verträumt aufs Watt hinaus. Sie war froh, dass sich ihr Vater nach dem letzten Krankenhausaufenthalt wieder gut erholt hatte. Was hatte sich doch alles hier verändert seit ihrem letzten Besuch vor drei Jahren. Tief in ihren Gedanken versunken erschrak sie, als sie von ihrem Vater zum Abendessen gerufen wurde.

„Vielleicht habt ihr morgen Glück, wenn wir ins Watt gehen, der letzte Sturm ist noch nicht lange her", sagte Opa beim Essen, bevor er einen kräftigen Schluck aus seiner Teetasse nahm. Merle schaute ihn genau an. Sie hatte ihren Opa schon länger nicht gesehen. Die Falten in seinem Gesicht erinnerten sie an die Furchen im Sand des Strandes, den sie auf den Bildern von Mama gesehen hatte. Vielleicht, dachte sie, ist das bei allen Menschen auf der Insel so. Die Wellen hinterlassen ihre Spuren, nicht nur im Sand.

„Wieso Glück?", fragte Johannes.

„Hin und wieder, wenn das Meer hohe Wellen schlägt, bringt es Schätze mit." Merle sah, wie die Augen von Johannes auffunkelten.

„Woher kommen die Schätze, Opa?"

„Naja, das sind alles Dinge, die mal jemand im Meer verloren hat. Und manchmal ...", Opas Stimme wurde etwas tiefer, „... manchmal verteilt auch der alte Ekke seine Schätze."

Merle dachte kurz nach, wen er meinen könnte. Dann fiel ihr das Gespräch vom Nachmittag wieder ein und ihr Bruder erinnerte sich scheinbar auch, jedenfalls sprudelte es aufgeregt aus ihm heraus: „Oh, ist das dieser Ekke Mekkelspens von dem du erzählt hast Mama?"

„Ekke Nekkepenn", korrigierte Rieke schmunzelnd.

Opa legte sich etwas Fisch aufs Brot und fuhr dann, ohne davon zu essen fort: „Jaaa, ganz genau der und er lebt ganz tief unten am Meeresgrund mit seiner Frau. Vor ganz langer Zeit gab es mal einen Seemann, zu einer Zeit zu der Ekkes Frau in großer Gefahr war. Sie erwartete ein Kind." Opa machte eine kurze Pause und schaute in die Runde. „Aber die Frau des Seemanns konnte ihr helfen, das Kind am Grund des Meeres auf die Welt zu bringen. Deshalb hat Ekke ihn und die Seemannsfrau mit einem Schatz belohnt, größer als ihr euch vorstellen könnt."

„Wie kann er denn unter Wasser leben?" Merle blickte zu ihrem Bruder, der aufgehört hatte, sein Brot weiter-zuschmieren, das nur zur Hälfte mit Butter bedeckt war. Auch sie konnte jetzt kaum ans Essen denken. Wenn sie morgen tatsächlich einen Schatz finden würden ... vielleicht war ja auch etwas Schönes für sie dabei.

Opa nahm einen Schluck von seinem dampfenden Tee. „Wisst ihr, er ist kein Mensch. Ekke ist halb Mensch, halb Fisch und deswegen kann er auf dem Meeresgrund leben und atmen."

Das hatte Merle noch nicht gehört. Meerjungfrauen ja, aber so etwas? Ob man wohl schöne Sachen im Meer fand? Eines war klar: Wenn sie nach den Ferien mit einem Armband aus einem Schatz in die Schule gehen würde, würden sie bestimmt alle beneiden. Zugegeben, das mit Ekke klang eher wie ein

Märchen, aber das hieß ja noch lange nicht, dass es den Schatz nicht gab.

„Hast du ihn schon mal getroffen, Opa?" Johannes riss sie aus ihren Gedanken. Die Geschichte mit Ekke schien er zu glauben.

Papa ging dazwischen: „Ich denke, wir haben jetzt genug Märchen für heute gehört. Ihr habt noch nichts gegessen und wir müssen morgen weit laufen. Ich will mir nicht anhören müssen, dass ihr nicht mehr gehen könnt, weil ihr müde seid. Esst schnell auf und dann ins Bett. Vielleicht erzählt euch Opa morgen dann noch mehr."

Merles Vater wirkte genervt. Aber das war in letzter Zeit auch zum Normalzustand geworden. Als er die Kinder ins Bett brachte, redete er nicht viel. Ein mürrisches „Gute Nacht", stolperte aus seinem Mund, bevor er die Tür hinter sich schloss.

Eine Weile redete Merle mit ihrem Bruder über den Schatz, bis Johannes schließlich einschlief, und eigentlich war sie selbst schon fast eingeschlafen, da glaubte sie in der Ferne etwas zu hören. Ganz leicht nur, fast gedämpft, hörte sie Glocken. Es war wie das Glockenläuten der Kirchen, die sie von zuhause kannte, aber um diese Uhrzeit? Merle versuchte, herauszufinden, woher es genau kam, da war das Läuten auch schon wieder verschwunden. Seltsam.

Am nächsten Morgen war sie vor Aufregung früh wach; weniger, weil sie unbedingt mehr von Opas Geschichten hören wollte, sondern eher, weil sie voller Vorfreude auf das war, was sie vielleicht finden würden.

Zu ihrer Erleichterung gingen sie direkt nach dem Frühstück los. Auch Johannes konnte es kaum erwarten, er war den ganzen Morgen ungewohnt aufgekratzt. Als der Strand in Sicht war, rannte er los. Papas Rufe waren vergeblich. Aber was sollte passieren? Es war ja kein Wasser mehr da.

Als sie ihn eingeholt hatten, ließ Merle den Blick über das Watt schweifen. Vage Fetzen der Erinnerung trafen sie wie Farbkleckse. Mama und Papa mit ihr genau hier an dieser Stelle, wo mehr Muscheln waren, als sie zählen konnte - orange, rot, blau, sie hat noch einige davon zu Hause.

‚Aber wieso ist hier nur Schlamm?', dachte sie enttäuscht, als sie kaum eine Muschel sah. Ein Meer aus Sand mit einzelnen Pfützen dazwischen, die im Licht der Sonne aufblitzten. Mehr war da nicht. War das nicht irgendwie bunter?

„Seht euch den Boden genau an, während wir zur alten Siedlung gehen, Kinder. Vielleicht findet ihr ja noch etwas. Seht ihr da? Ein kleiner Krebs", sagte Opa, als wüsste er, was Merle gedacht hat. Und tatsächlich, wenn sie genauer hinsah, erkannte sie auch einige Muscheln.

Auf dem Weg unterhielten sich Opa und ihre Eltern über die Insel, über Mamas Arbeit, über das Wetter und all die anderen langweiligen Dinge, über die Erwachsene immer so redeten. Ganz ehrlich, manchmal fragte sich Merle, wie sie das aushielten. Erwachsene redeten immer nur, sie machten kaum etwas anderes, wenn sie nicht gerade arbeiteten.

„Da sind wir", sagte Opa schließlich.

Merle schaute sich um. Sie standen vor einem großen runden … ja, was war es? Im Boden war eine runde Aussparung zu erkennen, in etwa so groß, dass in die Mitte zwei Menschen gepasst hätten. Ein Blick in das Gesicht ihres Vaters verriet ihr, dass er genauso ratlos war.

„Was ihr hier seht, war früher einmal ein Brunnen. Er gehörte zu einer großen Stadt, die hier gewesen ist. Rungholt, die reiche Hafenstadt, ist eine Art Atlantis, eine untergegangene Stadt."

„Eine ganze Stadt unter Wasser?", fragte Johannes und sprang über die Reste von dem, was wohl der Randstein vom Brunnen gewesen war in die Mitte des Kreises.

„Ja, dieser Brunnen ist fast 700 Jahre alt. 1362 ist die Stadt untergegangen", sagte Opa und ließ dabei seinen Blick über die gesamte Runde schweifen, „in einer großen Flut, der Groten Mandränke. Die Einwohner gingen mit ihren Gebäuden unter. Vieles wurde durch das Meer zerstört, aber einige Reste der Stadt kann man heute noch sehen. Wie dieser Brunnen sind sie Zeugen von dem, was passiert ist."

Opa hielt inne und blickte in die Richtung, aus der sie gekommen waren. „Von hier bis Pellworm war früher fast nur Land." Dann drehte er sich um und zeigte in eine andere Richtung. „Genauso bis Nordstrand."

„Das ist ja …"

„Beeindruckend", beendete Merles Vater den Satz ihres Bruders, der sich umdrehte und zu erahnen versuchte, wo die Küste früher verlaufen war.

Merle wurde etwas mulmig bei dem Gedanken, dass hier früher Menschen gelebt haben und ihr Zuhause ... vom Meer verschlungen worden war. Wie groß die Stadt gewesen sein musste! Sie schaute auf die Ruine, in deren Mitte immer noch ihr Bruder stand. Ihn schien das eher weniger zu stören, er wirkte fast begeistert, als er sich bückte und mit seiner Hand an den Resten des Brunnens entlangfuhr.

Ihr Blick glitt von ihrem Bruder weiter nach hinten übers Wattenmeer in Richtung Horizont. Ein paar Meter weiter huschte eine Krabbe über den nassen Sand und versuchte etwas beschwerlich einen kleinen Sandhaufen zu erklimmen. Merle hätte fast schon wieder weggeschaut, da sah sie etwas aus dem Sand hervorstechen.

Sie ging um den Brunnen herum direkt auf die Krabbe zu und tatsächlich, da zwischen einer zerbrochenen Muschel und etwas Seetang lag, halb vom Sand begraben, ein Stück Metall, das sie an sich nahm. Mit ihren Händen wischte sie den Sand von dem kalten Metall und zum Vorschein kam ein in der Sonne leicht golden glänzendes Etwas, das wohl einmal Schmuck gewesen war. Vielleicht ein Anhänger oder etwas Ähnliches.

„Hast du etwas gefunden?", fragte ihre Mutter hinter ihr. Merle hatte gar nicht gemerkt, dass sie nähergekommen war.

„Ich glaube es ist Schmuck oder sowas, schau mal, wie schön es geformt ist.", sagte Merle und reichte ihrer Mutter das Stück.

„Ich will auch!", rief Johannes und nahm es ihr aus der Hand.

150

Nachdem sich jeder das Schmuckstück einmal angeschaut hatte, fragte er: „Woher das wohl kommt? Das ist bestimmt aus dem Schatz von Ekke."

„Möglich wäre es", warf Opa ein, „aber dann müssen wir vorsichtig sein. Ekke ist für viele Stürme hier verantwortlich und kann manchmal sehr ..."

Giesbert unterbrach ihn: „Ach Schluss jetzt mit diesem komischen Gnom! Rieke, sag doch auch mal was, du siehst doch, dass Hannes ihm das abkauft. Das hat bestimmt irgendjemand auf einer Fähre mal verloren oder so. Auf jeden Fall lässt sich eine bessere Erklärung dafür finden als ein alberner Meeresgnom mit einem Schatz, den es nicht gibt."

„Mensch, Bert, lass ihnen doch ihren Spaß. Aber es stimmt schon, von Ekke kann es nicht sein. Vielleicht stammt das Stück ja aus Rungholt und gehörte einer Frau, die hier vor Hunderten von Jahren gewohnt hat", sagte Rieke und schaute zu ihrem Vater.

„Hmm, ja ich würde es jedenfalls nicht sofort ausschließen", antwortete er, während er das Metallstück im Licht der Sonne genau musterte. „Am besten ich nehme es mit und zeige es nächste Woche dem Museum, die wissen bestimmt, woher es kommt." Keno steckte den Fund ein. „So und jetzt sollten wir uns langsam auf den Rückweg machen, das Wattenmeer kann sehr gefährlich sein, wenn das Wasser zurückkommt."

Als die Wattwanderer zurück waren und im Hause von Keno und Gesine eintrafen, hatte Gesine Petersen einen deftigen Eintopf gekocht, grüne Bohnen mit Lamm. Merle schüttelte sich, als der Topf auf den Tisch kam, und auch Johannes war wenig begeistert. Oma war sichtlich enttäuscht von der Reaktion ihrer Enkel, so dass Rieke einsprang und vermittelte. „Kinder, probiert doch einfach mal. Oma Gesine macht den besten Eintopf auf der Insel. Der wird euch bestimmt schmecken!" Merle und Johannes hatten nach der Wattwanderung großen Hunger und probierten mit gequältem Gesicht. Der Eintopf schmeckte ihnen dann doch, denn sie fassten jeder kräftig zu.

Giesbert hatte sich nach dem Essen die „Husumer Nachrichten" von der Kommode auf dem Flur genommen, sich mit der Zeitung im Garten in einen Liegestuhl gesetzt und zu lesen begonnen. Dann schüttelte er nur den Kopf. „So ein Quatsch mit diesem Ekke Nekkepenn ..." war sein Kommentar zu einem Artikel, den er dort fand.

Nach einer ausgedehnten Mittagspause verschwand Merle im Pferdestall, bewaffnet mit Striegel und Mähnenbürste. Johannes und Giesbert gingen zum Strand und badeten; die Flut war jetzt gerade aufgelaufen. Rieke half ihrer Mutter bei den Hausarbeiten.

Am Abend saßen alle zusammen und planten den nächsten Tag. Johannes wollte gern die Insel mit dem Rad erkunden, Merle auf den Pferden reiten, Rieke mit der Kutsche über die Insel fahren – und Giesbert? Er versuchte immer wieder, eine Verbindung mit seinem Smartphone herzustellen, es klappte aber nicht. Das war Rieke nicht verborgen geblieben.

„Also, ich würde morgen einfach nur faulenzen", so Giesbert. „Macht euch doch einen schönen Tag, ich bleibe hier."

„Das kann doch nicht wahr sein!", wetterte Rieke. „Ich denke, wir machen alle gemeinsam Urlaub. Wirf dein Smartphone weit weg und schalte doch endlich mal ab! Oder schafft es deine tüchtige Kollegin, wie hieß sie doch gleich ..., ach ja, Dorotheeee ..., schafft die es nicht, ohne dich den Laden zu schmeißen? Darüber reden wir noch!"

Rieke war vom Tisch aufgesprungen, war zur Tür hinausgegangen und hatte sie mit einem lauten Knall zugeschlagen. Die Stimmung am Tisch war auf dem Nullpunkt angelangt, eine Entscheidung vertagt und die Kinder hatten sich auf ihr Zimmer zurückgezogen. Giesbert wagte es in Gegenwart seiner Schwiegereltern nicht, auf dem Smartphone herumzudaddeln, war hinaus auf den Deich gegangen und suchte dort nach gutem Empfang. Als er einige Zeit später zurückging und sein Schlafzimmer aufsuchte, lag Rieke schon im Bett, wütend und angespannt.

„Den Urlaub habe ich mir etwas anders vorgestellt", polterte Rieke. „Was ist mit dir los? Du siehst an mir vorbei. Hast du überhaupt bemerkt, dass ich das Amulett, dass du so bewundert hast, als wir uns kennengelernt haben, schon zwei Tage trage? Du bist mit deinen Gedanken ..."

„Rieke, es reicht", unterbrach Giesbert seine Frau wütend. „Was denkst du, was ich den ganzen Tag mache! Ja, ich bin noch bei der Arbeit! So ein dreieinhalb-Millionen-Vertrag ist kein Selbstläufer. Und ein paar Tantiemen hängen auch dran. Ich hätte die Unterschrift gern vor dem Urlaub unter dem

Vertrag gehabt. Ich muss einfach noch ein paar Tage am Ball bleiben und meine Kollegen unterstützen."

„Deine liebe Dorotheee ...! Eine blöde Idee von deinen Chefs, euch als Leistungsprämie ein Wellness-Wochenende mit Partnern zu schenken, dann noch im gleichen Hotel und auch noch zur gleichen Zeit."

„Du bist doch krank vor Eifersucht. Da bist du einmal schon nach zehn Minuten statt nach 'ner Stunde vom Joggen zurück ins Hotel gekommen ... Wir hatten uns im Schwimmbad verabredet, dass wir noch einen Vertrag kurz besprechen wollen. Und da hast du uns in Badehose und Bikini in unserem Zimmer angetroffen und schon machst du daraus ein Ehedrama. Wenn wir was miteinander hätten, dann sicher nicht so."

„Ausreden, nichts als Ausreden! Genau wie deine Ausrede von der Möwe, die deinen Ring geklaut hat, oder von Ekke Nekkepenn ... Was denkst du dir eigentlich dabei mit solchen Sprüchen? Willst du mich verschaukeln?"

„Ekke Nekkepenn! Das hast du mir doch selbst in den Mund gelegt. Warum sollte ich denn den Ring versetzen? Ich wüsste auch gern, wo er geblieben ist. Ich kann es dir genauso wenig erklären, wie du mir Ekke Nekkepenn!"

Giesbert und Rieke stritten noch lange. Im Zimmer der Kinder war es ruhig.

Merle hatte die Nase gestrichen voll. Die Wand zum Zimmer der Eltern dämpfte die lautstarken Wortgefechte nur mäßig. Sie hatte das Gefühl, ihre Eltern stritten in letzter Zeit immer öfter miteinander, und so richtig verstand sie nicht, worum es dabei ging. Soweit sie es hören konnte, schien es aber irgendetwas mit dem Ehering zu tun zu haben.

„Wie kannst du dabei lesen, wenn Mama und Papa sich streiten? Was liest du da überhaupt?", hatte sie ihren Bruder gefragt.

„Jim Knopf! König Lormoral und die versunkene Stadt! Voll spannend. Wie Rungholt." Johannes legte sein Buch auf den Nachtschrank. „Glaubst du, sie vertragen sich auch mal wieder?", fragte er Merle und wirkte etwas besorgt.

„Bestimmt", sagte sie, obwohl sie sich nicht sicher war. Als große Schwester hatte sie aber das Gefühl, ihn beruhigen zu müssen und so hätte sie gerne mehr gesagt, aber ihr fiel nichts ein.

„Weißt du, was ich gedacht habe?" Johannes legte sein Buch beiseite. „Papa hat ja seinen Ring verloren, vielleicht werden sie wieder glücklicher, wenn wir den Schatz von Ekke finden. Da sind bestimmt auch Ringe drin."

„Hmm", Merle dachte nach. Sie glaubte zwar nicht an Ekke, aber vielleicht gab es dort, wo sie gestern waren, noch mehr und es wäre ja tatsächlich den Versuch wert. Würden sie einen richtigen Schatz finden, wäre dort mit Sicherheit auch noch genug für sie dabei. Was hatten sie schon zu verlieren? Sie könnten wieder zuhause sein, bevor ihre Eltern es merkten. Sie müssten nur leise sein.

Gong. Ein gedämpftes Glockenläuten riss sie aus ihren Gedanken. Was war das? Es war kaum zu hören, zumal ihre Eltern sich nebenan immer noch stritten. Aber doch, da war etwas.

Gong. Da war es wieder! Merle schaute ihren Bruder an, der genauso überrascht war wie sie. Sie ging zum Fenster und öffnete es leicht, um zu gucken, ob es irgendwie von draußen kam.

Gong. Ein drittes Mal. Dieses Mal etwas klarer, aber immer noch relativ leise. Es hörte sich an wie die Kirche bei ihnen Zuhause. Irgendwo von dort draußen aus der Ferne kam es. War es vielleicht die Kirche von Rungholt? Oder doch von einer Hallig?

„Glaubst du, das kommt von der versunkenen Stadt?", fragte ihr Bruder.

„Ich weiß nicht", sagte Merle. Aber wie wahrscheinlich war das schon? Eine Weile warteten sie, aber ein viertes Gong hörten sie nicht mehr. Nur einzelne Worte aus dem Nebenzimmer.

„Also gehen wir jetzt los?", fragte ihr Bruder schließlich. Merle zögerte. Die Idee, mitten in der Nacht das Haus zu verlassen, würde ihren Eltern sicher nicht gefallen. Andererseits war die Chance auf den Schatz groß. Und wenn sie nichts finden würden, dann würden sie rechtzeitig wieder da sein, bevor jemand ihr Verschwinden bemerkte. Außerdem könnte sie ihren kleinen Bruder so vielleicht etwas aufheitern, es war ja auch sehr aufregend.

„Okay, pass auf. Wir gehen jetzt los und schauen nach, ob wir den Rest von dem Schatz finden. Aber wir müssen leise sein und uns beeilen, damit wir wieder da sind, bevor irgendjemand was bemerkt."

Merle und Johannes packten ihre Rucksäcke und schlichen sich leise am Zimmer der Eltern vorbei zur Haustür, die Merle langsam hinter sich zuzog. Draußen war die Sonne schon untergegangen und der aufgehende Vollmond beleuchtete die Landschaft in dunklem Blau. Zum Glück war der Weg nicht weit und sie hatte ihn sich gemerkt.

Am Strand kramte sie aus ihrem Rucksack Opas Taschenlampe hervor, die sie aus der Kommode im Flur genommen hatte, und leuchtete kurz die Küste ab. Niemand war da.

„Und jetzt?", fragte Johannes. „Weißt du noch wo wir hingegangen sind?"

„Nicht ganz." Merle leuchtete mit ihrer Lampe Richtung Wasser. Zwar gab auch der Mond spärliches Licht ab, der gelbe Lichtkegel bahnte sich aber durch den dunkelblauen Mantel des Mondlichtes und gab den Blick auf das Wattenmeer noch besser frei. Leichte Nebelschwaden zogen vor ihnen über den Boden. „Ich denke, wir sind hier direkt geradeaus ins Wattenmeer."

„Na dann los."

Einige Zeit stapften sie so durch das matschige Watt. Merle hatte nicht bedacht, dass sie in der Dunkelheit nicht alles sehen würden und so trat sie manchmal in Pfützen, woraufhin ihre Füße nass wurden. Sie ärgerte sich, dass ihr das nicht vorher in den Sinn gekommen war. Ihre Eltern würden morgen bestimmt merken, dass ihre Schuhe noch nass waren und dann müsste sie sich noch eine Ausrede einfallen lassen.

„Warte mal", sagte Johannes schließlich ganz leise.

Sie wusste nicht, warum er flüsterte, aber sie tat es vorsichtshalber auch. „Was ist denn?"

„Mach mal die Taschenlampe aus. Da hinten ist was."

Merle drückte auf den Knopf und der Lichtkegel verschwand, woraufhin das dunkelblaue Mondlicht sie wieder umhüllte. Da hinten war tatsächlich etwas, das im Licht der Taschenlampe kaum zu sehen war, aber jetzt trat es deutlich hervor und zwar durch die dünnen Nebelschwaden hindurch. Merle war erstaunt, denn sie hatte so etwas noch nie gesehen. Es war schwer zu beschreiben. Hin und wieder funkelten dort blaue Lichter auf, die sich Merle nicht erklären konnte. Sie schimmerten über das Wattenmeer hinweg.

„Ist das die Stadt?", flüsterte ihr Bruder.

„Vielleicht", sagte Merle. „Vielleicht ist dort auch der Schatz."

Merle fasste ihren Bruder sicherheitshalber an der Hand und knipste die Taschenlampe wieder an, um im Lichtkegel besser sehen zu können. Sie richtete das Licht in Richtung des Schimmerns und zuckte zusammen, als dort plötzlich etwas zwischen ihnen und dem Leuchten stand. Es war nicht leicht zu erkennen. Merle hatte das Gefühl, dass der Nebel dichter geworden war, konnte es aber nicht sicher sagen. Sie konnte sich kaum bewegen. Was war das? Sah ihr Bruder es auch? Sie traute sich nicht, ihren Blick abzuwenden oder ihren Bruder anzusprechen.

In der Ferne sah sie eine relativ kleine Gestalt. Merle wusste nicht recht, wie sie sie beschreiben sollte. Im Licht der Taschenlampe schien der Körper zu glänzen und es dauerte ein wenig, bis sie dieses Schillern als Schuppen erkannte, die das Licht durch den Nebel reflektierten. Aber das konnte ja gar nicht sein. Bildete sie sich das nur ein? Was war das? Ein Tier, ein Mensch oder war es vielleicht …?

„Das ist Ekke", flüsterte Johannes und sprach aus, was Merle dachte.

Er schien in ihre Richtung zu schauen, hob die Hand und machte ein Zeichen, dass sie ihm folgen sollten. Dann drehte er sich um und ging in Richtung der seltsamen Lichter. Wollte er sie ins untergegangene Rungholt lotsen?

„Sollen wir ihm folgen?", fragte Johannes kaum hörbar. Ja, sollten sie? Merle wusste es auch nicht. Die Situation machte ihr so sehr Angst, dass sie sich immer noch kein Stück bewegte. Dann endlich gab sie sich einen Ruck und drehte sich zu ihrem Bruder um.

„Alles Quatsch! Es gibt keine Märchenfiguren! Das sind nur Erfindungen der Erwachsenen. Damit wollen sie uns nur einschüchtern, damit wir machen, was sie wollen!"

„Aber da war doch was!", erwiderte Johannes. „Du hast es doch auch gesehen!"

„Ich glaube wir sollten …" Merle stockte, denn das Licht ihrer Lampe, mit der sie jetzt ihrem Bruder ins Gesicht leuchtete, erhellte auch einen Teil des Bodens und gab die Sicht auf etwas frei, das dort im Schlamm lag. Sie bückte sich und hob es auf. Es war ein Ring. Gerade als sie ihn musterte, fiel ihr etwas anderes auf.

Der Ring lag nicht nur im Schlamm, er lag im Wasser. Aber war hier überhaupt schon so viel Wasser, als sie stehengeblieben waren? Ohne etwas zu sagen leuchtete sie die Gegend um sie herum ab, um zu prüfen, ob es noch genügend trockene Stellen gab. Kam das Wasser etwa zurück?

Mitternacht war schon vorbei, als Rieke noch einmal aus dem Schlafzimmer schlich und die Toilette auf dem Flur aufsuchte. ‚Oh, die Tür zum Kinderzimmer steht ja noch offen. Mal sehen, ob die beiden schlafen‘. Vorsichtig ging sie in das Zimmer, dann ein Aufschrei: „Giesbert, komm schnell. Die Kinder sind weg!" Rieke hatte das Licht angemacht und stand zitternd im Nachthemd mitten im Zimmer. Keno und Gesine waren durch den Lärm auch wach geworden und kamen die Treppe heraufgeeilt.

„Wo können die Kinder nur hin sein? Giesbert? Wo sollen wir suchen?"

Keno beruhigte. „Also, Merle könnte im Stall sein und hat Hannes sicher mitgenommen. Dass wir aber nichts gehört haben!" Keno blickte zum Hoffenster hinaus und schüttelte den Kopf. „Nein, da ist alles dunkel."

Rieke hatte in der Zwischenzeit festgestellt, dass die Schuhe der Kinder nicht mehr im Flur standen. „Sind die ... weg ... gelaufen?", stotterte sie verzweifelt. „Wo können die nur hin ...?". Alle eilten aus dem Haus und riefen in die Nacht hinaus. Keine Antwort! Nur das Kläffen der Hunde in der Nachbarschaft, angehende Lichter in den Häusern und „Ruhe"-Rufe.

Keno, sonst der ruhende Pol im Haus, wurde jetzt auch nervös. „Hoffentlich sind die nicht im Watt ... Die Flut ... in einer halben Stunde … Rieke! Giesbert! Holt die Pferde raus … und die Kutsche! Los, schnell! Wir haben nur wenig Zeit." In Windeseile waren die Pferde vor die Kutsche gespannt. „Los, meine Taschenlampe aus dem Flur … schnell!" Giesbert war ins Haus geeilt, kam ohne Taschenlampe zurück.

„Die ist weg!"

„Verdammte Bande", brummelte Keno in seinen Bart. „Los, steigt auf, der Mond scheint hell genug. Dann geht es auch ohne Lampe!"

Es war schon ein eigentümliches Bild, das die vier auf der Kutsche abgaben. Alle im Schlafanzug oder Nachthemd. Keno trieb die Pferde, die sich scheuten, ins Watt zu gehen, mit der Peitsche an. Rieke und Gesine standen, sich gegenseitig festhaltend, mit flatternden Nachthemden hinten auf der Kutsche und hielten Ausschau. Giesbert hatte sich neben Keno gestellt und hielt sich krampfhaft am Gestänge fest, während auch er das Watt absuchte.

„Wir müssen nach Rungholt! Dort waren die Kinder gestern so eifrig bei der Schatzsuche. Ich glaub, Ekke Nekkepenn hat die in seinen Bann gezogen!", so Keno. Die Pferde vor der Kutsche liefen im schnellen Trab durch die auflaufende Flut. Das Wasser spritzte hoch. Die Vier auf der Kutsche waren total durchnässt, als Keno die Pferde wenige hundert Meter vor Rungholt stoppte.

„Also, hier sind die nicht! Hier können die nicht sein! Die hätten wir sehen müssen! Das Wasser …"

Enttäuscht setzten sich Rieke, Gesine und Giesbert auf die Sitze der Kutsche und starrten auf die immer wieder gespenstisch blau aufleuchtenden Wellen der ansteigenden Flut. Rieke jammerte leise vor sich hin, während ihre Mutter sie an sich drückte.

„Lasst uns umkehren! Die Flut kommt jetzt ganz schnell. Wir kommen sonst nicht mehr mit der Kutsche und den Pferden zurück an Land", hatte Keno vorgeschlagen, die Pferde hart am linken Zügel gehalten, das Gespann gedreht und dann die Pferde leicht mit der Peitsche angetrieben. Nach etwa zehn Minuten waren sie wieder am Deich von Pellworm angelangt. Das Wasser stand hier auch schon dreißig Zentimeter hoch. Rieke hatte laut zu weinen angefangen, als Giesbert sich neben sie setzte.

Als die Kutsche über den Deich fuhr und das Haus von Keno und Gesine schon zu sehen war, hielt Keno plötzlich die Pferde an. „Habt ihr vorhin das Licht brennen lassen?", fragte er in die Runde. Alle waren sich sicher, dass sie das Licht im Haus ausgemacht hatten. Jetzt trieb er die Pferde noch einmal an, denn gerade wurde das Licht im Flur ausgeschaltet. „Diese verdammten Blagen!", schimpfte Keno mit einem erleichterten Schmunzeln im Ton.

Als Rieke in das Schlafzimmer der Kinder schaute, lagen Johannes und Merle in ihren Betten und taten so, als ob sie schliefen. ‚Wartet nur! Morgen reden wir mal ein ernstes Wort miteinander! Ihr könnt euch schon jetzt warm anziehen.‘

Keno und Giesbert hatten die Pferde wieder in den Stall gebracht und tüchtig abgerieben, damit sie keine Lungenentzündung bekamen. Alle nahmen, unterkühlt und nass, wie sie waren, ein heißes Duschbad und gingen müde und aufgewühlt ins Bett. Schlafen konnten sie alle nicht gleich und Rieke fielen erst beim Sonnenaufgang die Augen zu.

Schon früh am Morgen war Giesbert aufgestanden, hatte sich aus dem Schlafzimmer geschlichen und war in den Garten seiner Schwiegereltern gegangen. Er blickte auf sein Smartphone, ein leichtes Lächeln huschte über sein Gesicht. Da lag noch die Zeitung vom Vortag auf der Gartenbank. Giesberts Blick fiel wieder auf den Artikel über Ecke Nekkepenn und er begann zu lesen:

„Meeresleuchten: Rückkehr von Ekke Nekkepenn?
Im Wattenmeer vor Pellworm war in den letzten Tagen ein seltenes Naturschauspiel zu sehen, das bisher nur in tropischen und subtropischen Meeren und in der Karibik auftrat, das Meeresleuchten von Milliarden kleinster Algen. Meeresbiologen sprechen hier von Biolumineszenz, die alten Insulaner von Ekke Nekkepenn, dem Meeresgeist und die Klimaforscher von einem eindeutigen Beweis des Klimawandels. Diese Mikroorganismen, im Volksmund „Nachtlaternchen" genannt, erzeugen bei Berührungen langanhaltende Lichtreflexe und finden anscheinend im Wattenmeer seit einigen Jahren geeignete Lebensbedingungen, die eine massenhafte Vermehrung dieser Algen ermöglichen. Ihr Licht ist vom Strand aus zu sehen, wenn sich die Wellen brechen.

Es wird davor gewarnt, ins Wattenmeer hinauszugehen, um dieses Schauspiel aus der Nähe zu betrachten, da die Gefahr der Flut bei Dunkelheit nicht eingeschätzt werden kann.
Ob Christian Peter Hansen, der die Sage von Ekke Nekkepenn wesentlich prägte, sich vorstellen konnte, dass seine Geschichte einmal eine solche Aktualität erreichen würde?"

‚Sollten die Kinder ... Das Licht, hab es auch gesehen ... Werden die Kinder sicher berichten ..." Giesbert hatte das alte Messer von der Küchenfensterbank geholt, einen Strauß Sonnenblumen geschnitten und ihn in einer großen Vase auf den Tisch im Esszimmer von Oma und Opa gestellt. Er hatte bereits den Tisch gedeckt, eine Kerze angezündet und war gerade dabei, den Kaffee aufzubrühen, als Keno und Gesine dazukamen und noch einmal über den nächtlichen Ausflug sprachen. Der Kaffeeduft weckte anscheinend auch Rieke, Merle und Johannes, die ein wenig verschlafen am Tisch Platz nahmen. Giesbert streichelte Rieke über die Wange, als sie in die Küche kam und flüsterte ihr ins Ohr: „Die Kuh ist vom Eis. Der Vertrag steht. Jetzt beginnt unser Urlaub richtig." Beide nahmen mit einem Lächeln den Platz am Frühstückstisch ein.

Opa Keno ergriff das Wort: „Merle und Hannes, was habt ihr euch eigentlich dabei gedacht, mitten in der Nacht ins Watt zu laufen?"

„Wir wollten doch nur Papas Ring ..., wir haben gedacht, Ekke könnte ihn ..."

„So ein Quatsch! Es ist schon schlimm genug, dass sich eure Eltern um diesen blöden Ring streiten. Also Schluss mit dieser

Ekke-Geschichte. Ist doch nur ein Märchen, genauso wie Jim ... wie heißt der doch gleich?"

„Jim Knopf und Lukas ...", sprudelte es aus Johannes heraus.

„Auch nur eine Geschichte, ein Märchen ..."

„Aber wir haben doch den Ring gefunden, Opa", erwiderten Johannes und Merle im Gleichklang und Johannes kramte schnell den Ring aus seiner Hosentasche und legte ihn auf den Tisch. „Und dann dieses Licht ..."

Opa nahm den Ring in die Hand, drehte ihn hin und her und untersuchte ihn von allen Seiten. „Und den habt ihr heute Nacht im Watt gefunden?"

„Ja, und Ekke Nekkepenn hab ich auch gesehen", so Johannes.

„Also, dieser Ring ist nur ein alter verwitterter Messingring, vermutlich aus der Zeit, als Rungholt noch bestand. Hat wohl mal zu einem Fischernetz oder einer Reuse gehört. Das ist nicht der Ring von eurem Vater."

Oma hatte in der Zwischenzeit Kaffee eingeschenkt und den beiden Kindern eine Schokoladenmilch spendiert, während Rieke die Diskussion zwischen Opa und den Kindern aufmerksam verfolgte.

„Mir zittern immer noch die Knochen, wenn ich daran denke, was hätte passieren können. Ihr ..."

Keno unterbrach sie barsch. „Ich möchte nicht, dass die Kinder ausgeschimpft oder bestraft werden. Hört endlich auf mit diesem Theater, du und Giesbert! So ein Kinderkram. Ihr seht doch, was dabei am Ende herauskommen kann. Vertragt euch endlich wieder. Was ist das überhaupt für ein Quatsch mit dem Ring von Giesbert? Und ich habe noch eine Bitte: Ich möchte nicht, dass in meinem Haus gestritten wird, nicht mit den Kindern und du und Giesbert auch nicht. So, jetzt frühstücken wir miteinander und nach dem Frühstück sprechen wir noch einmal ganz ruhig über Ekke Nekkepenn und was du gesehen hast, Johannes!"

Kenos Machtwort wollte sich keiner widersetzen. Die Familie saß nach dem Frühstück lange beisammen und sprach über Rungholt, Ekke Nekkepenn, Jim Knopf, das Licht im Wattenmeer und den verlorengegangenen Ring. Rieke spielte bei der Familienkonferenz mehrfach mit ihrem Amulett, öffnete es und verschloss es wieder. ‚Ich sollte das Bild austauschen, gegen ein Bild von Giesbert und den Kindern. Ich sollte ...' Sie beendete die Gesprächsrunde, nahm Giesbert bei der Hand und ging mit ihm in den Garten. Rieke unterhielt sich lange mit ihm, nahm dabei das Amulett immer wieder in die Hand, umarmte ihn schließlich und flüsterte ihm etwas ins Ohr.

Als die Flut ablief, gingen alle gemeinsam nach Rungholt. Johannes warf den in der Nacht gefundenen Ring ins Watt zurück und rief: „Hier hast du deinen Ring zurück, Ekke!"

Und Rieke zog ihren Ehering vom Finger und warf ihn ebenfalls ins Watt. „Falls du den Ring von Giesbert hast, hier hast du auch meinen, Ekke. Werd glücklich damit!"

In a box

This small picture on the screen is like a box
Which opens its lid for a while
I peep out, look at you
Try to see you, see myself.

More than just reflected on the screen
Really through my eyes, through your eyes
Where are you, you look so close
And yet you are so far away.

Cannot feel you, smell you, touch you,
Nor bathe in the glorious ripples
Of your being's unique vibrations,
Like when you are truly next to me.

I am so tired of deceptive closeness.
When I reach out to you with my hands
All they hit is this shimmering wall of glass
Forever and ever, no passing.

I so love all of you, all about you
And this diet of you is wearing me thin
All I can feel without barriers
Is my lonely hand
Brushing away
A curtain of tears
From my face.

Martina Scheible

Ritskemooi

Leonora Wulff

Der Sturm tobte so heftig, dass das Gebälk des Reetdaches beängstigend knarzte. Die alte Rixt hatte sogar die Sturmlaterne hereingeholt, um die Kerze vom Esstisch darin vor dem Erlöschen zu schützen. Sie hatte die mottenzerfressene Decke von ihrem Bett um die Schultern gelegt und ihren Schemel so nah wie möglich ans Herdfeuer gerückt. Sinnierend blickte sie in die knisternden Flammen und seufzte. Der Winter würde hart werden. Möglicherweise zu hart. Die Kuh wurde schließlich auch nicht jünger und Rixt wusste nicht, woher sie in nächster Zeit genug Futter für das Tier nehmen sollte. Sie konnte sich ja selbst kaum versorgen. Auch heute hatte es wieder nur eine Schale sehr wässrige Milchsuppe gegeben.

Das Leben war härter geworden seit ihr Sohn Sjoerd die Insel verlassen hatte, um auf See sein Glück zu suchen. Damit war es zwar ein Magen weniger im Haus, der gefüllt werden wollte, aber auch ein Paar Hände weniger, das dabei half, das immer seltener werdende Strandgut zu durchsuchen und etwaige geborgene Schätze heimzutragen. Ihre Mundwinkel zuckten nach oben, als sie an ihren stattlichen Sohn dachte. Sie vermisste ihn sehr. Und sie hoffte inständig, dass er keinen Hunger litt, wo auch immer er gerade war.

Ein Plan hatte sich in ihrem hungergeplagten Kopf zusammengefügt, und wäre der Hunger nicht so fürchterlich gewesen, sie hätte sich selbst wahrscheinlich dafür verachtet. Doch was konnte sie tun? Sie wollte nicht verhungern. Und sie hatte derzeit nichts, womit sie nach Oerd gehen konnte, um es zu verkaufen. Schweren Mutes stand sie auf, griff nach der Laterne und ging zum Stall.

Ihre Kuh hatte es gelassen genommen, sich eine Laterne zwischen die Hörner binden zu lassen. Was ihr hingegen nicht sonderlich gefiel, war, in peitschendem Regen und heulendem Wind über die Dünen geführt zu werden. Nicht, dass es Rixt besser gefiel, völlig durchnässt des Nachts im Sand zu stehen und zähneklappernd die Decke fester um sich zu ziehen.

Die Sicht war furchtbar. Die schier unendliche Weite des Meeres wurde von der nächtlichen Dunkelheit verschluckt. Nur gelegentlich erhellten Blitze den pechschwarzen Horizont. In einem dieser raren Momente sah sie es und eine erbärmliche, verzweifelte Hoffnung durchzuckte sie wie einer der Blitze. Ihr Plan schien aufzugehen. Der massive Umriss eines Schiffes schob sich durch die wilden Wellen. Sie nahm das Halfter ihrer Kuh und brachte sie dazu, ihren Kopf noch etwas höher zu halten, damit das Licht der Laterne auch gut sichtbar war. Je mehr Zeit verging, desto wilder schlug das Herz der alten Frau und jedes Mal, wenn sie erkennen konnte, dass das Schiff tatsächlich ein Stückchen näher war, setzte ihr Herz einen Schlag aus.

Als das Schiff auf eine Sandbank auflief und der Brandung erlag, klang das zerbrechende Holz wie ein ganz eigenes, fernes Gewitter. Tränen mischten sich unter die Regentropfen auf Rixts Gesicht. Tränen der Verzweiflung und Tränen der Erleichterung. Morgen würde sie an den Strand gehen. Und dann würde sie den Winter schon irgendwie überstehen.

Ölinsel

Nein
keine Bohrinsel
deren gierige Rohre
tief vom Meeresgrund
das schwarze Gold
Nordseesorte Brent
in die Fässer oben saugen
zum Spielball der Märkte
und des OPEC-Kartells

Nein
keine Insel aus Sonnenöl
auf sonnengeile Haut
zu schnell gecremt
wobei zwei Handvoll
auf den Perser laufen
– nicht auf den Perser –
auf die Bohlen aus Holz:
eine Ölinsel auf Parkett

Nein
auch keine Insel aus Rosenöl
der hauchzarten *Damascena*
aus dem Flacon einer
nervösen Comtesse
auf den Marmor getropft
wovon ein Tausendstel genügt
das Palais bis in den letzten Winkel
zu durchströmen

Aber
eine Dieselölinsel
ein kleinschwarzer Teich
Tropfen für Tropfen
aus dem inkontinenten
Tank
eines MAN-Trucks
entstanden durch eine Delle
in der Straße der Armen

Die schwarze Insel
konkav nicht konvex
regenbogenfarben
glänzend im Licht
die Oberfläche ist still
ein leichtes Beben aber
ein zartes Kräuseln nur
wenn vorbeifährt
ein donnernder Laster

Ein Rabe
nähert sich dem Fleck
tupft mit dem Schnabel
in die dunkle Tunke
schreckt zurück
denn dieser Rabe weiß
ein kluger Kerl
dass die schwarze Brühe
giftig ist

Die Insel aus Öl
buntschimmernd im Licht
bleibt lange stehen
die Sommersonne
raubgefräßig sonst
trocknet sie nicht
denn die Delle
in der Straßendecke
bewahrt ihre Dauer.

Hansi Sondermann

Bild: Hansi Sondermann

Vom Winde verweht *Helga Margenburg*

Sina hatte Träume im Gepäck, als sie auf die ostfriesische Nordseeinsel kam, Hoffnungen, Wünsche. Hier auf Norderney wollte sie nachdenken. Auf einer Insel konnte man die Seele baumeln lassen und die Welt draußen vergessen. Sobald man das Festland hinter sich ließe, würden auch alle Sorgen zurückbleiben, hieß es. Eine Insel hatte ihre eigenen Gesetze. Sie galt als eine Art „Schutzzone".

Wenn sie in zwei Wochen zurückfuhr, würde sie sich hoffentlich über einiges klarer geworden sein und die Beziehung zu Tom entweder beenden oder ihr eine neue Chance geben, obwohl, wenn sie ganz tief in sich hineinhorchte, sie eigentlich wusste, dass es vorbei war. Jemand, der sie so betrog und ihre Liebe verriet, hatte keine zweite Chance verdient.

Sie seufzte. Irgendwie hatte sie ein Talent dafür, sich immer die falschen Männer auszusuchen.

Der Wind wehte hart von Nordwest, als sie die weiße Frisia-Fähre über die Personenbrücke verließ. „Wie herrlich", freute sie sich, „der Sturm wird mir alle meine Sorgen wegblasen." Dass sie sich irrte, ahnte sie nicht, auch nicht, dass sich Vorfreude rasch verbrauchte, und dass das, was dann kam, nur noch Erinnerungen waren an Tage, von denen man sich wünschte, man hätte sie nicht erlebt.

Der Typ, der ihr beim Verlassen der Fähre folgte, war ihr schon im Bordbistro aufgefallen. Er hatte ein frisch gezapftes Pils vor sich stehen gehabt und es auf Ex getrunken. Sie hatte sich über sich selbst gewundert, dass überhaupt wieder ein männliches Wesen ihr Interesse wecken konnte nach all dem, was Tom ihr angetan hatte.

Als sich ihre Blicke begegneten, hatte der Unbekannte sie länger als gewöhnlich angesehen, sehr ernst, aber mit einem kleinen Lächeln um die vollen Lippen. Sie hatte es wohl bemerkt, dann aber weggeguckt. Ein Flirt war das Letzte, was sie jetzt brauchen konnte, zumindest nicht solange sie ihre Beziehung mit Tom nicht geklärt hatte. Dabei sah dieser Mann gut aus, er trug eine olivgrüne Jack Wolfskin-Jacke, hatte dunkles, lockiges Haar und einen Dreitagebart. Die Augenfarbe hatte sie auf die Entfernung nicht erkennen können, wohl aber die buschigen Augenbrauen.

Jetzt ging er so dicht hinter ihr, dass sie glaubte, seinen Atem in ihrem Nacken zu spüren. Sie wusste zwar, dass es nur der Wind war, trotzdem wagte sie nicht, sich umzudrehen.

Wie zufällig stand er beim Taxistand direkt neben ihr. Er hatte ein kleines dunkelblaues Einmann-Zelt dabei und einen braunen Schlafsack, den er zusammengerollt und über seinem Rucksack festgeschnallt hatte, der nicht mehr der neueste zu sein schien, wie die verwaschene Farbe vermuten ließ, die von schmutzigbeige bis schlammgrau reichte.

Seine Stimme klang sympathisch, als er fragte, wohin sie wolle und wo sie wohne. Sina nannte ihm die Adresse, eine kleine Pension im Inselosten, hinter dem Leuchtturm. „Ach, welch ein Zufall, da will ich auch hin", sagte er und fragte, ob sie sich ein Taxi teilen wollten, man kenne ja die Taxensituation auf der Insel. Es gebe viel zu wenig bei diesem Gästeansturm, dabei wüssten die Insulaner doch, dass die Fähren immer proppenvoll wären. Jeder wisse das. Sina wusste es zwar nicht, fand aber, es gab keinen Grund, ihm die gemeinsame Fahrt zu verweigern, schließlich hatte er doch nett gefragt. Wie selbstverständlich setzte er sich im Taxi neben sie auf die Rückbank.

„Hier wohnen Sie also", stellte er fest, als sie ausstieg und sich verabschiedete. „Ich steige auch hier aus, aber ich laufe noch ein ganzes Stück zu Fuß weiter. Ich wohne unter freiem Himmel", sagte er. Sina sah ihn fragend an. „Am Inselende ist man der Natur näher", fügte er erklärend hinzu und hielt ihre Hand etwas länger fest als üblich. „Hoffentlich haben Sie keine Angst, so weit hier draußen. Eine schöne Frau wie Sie sollte nicht allein hier rumlaufen."

„Ach, mir passiert bestimmt nichts. Eine Insel ist ein sicherer Ort." Sina schüttelte den Kopf so heftig, dass ihre langen, glatten Haare vor ihre Augen fielen. Der Typ wollte ihr die Strähne aus dem Gesicht streichen, doch sie drehte abrupt den Kopf weg. Schließlich kannten sie sich nicht und nichts verband sie, außer dass sie das Taxi geteilt hatten.

„Übrigens, ich heiße Armin", stellte er sich vor. „Ich werde an Sie denken. Ganz fest. Das hilft." Noch bevor sie fragen konnte, wobei es denn helfe, und sie ihren eigenen Namen nennen konnte, nahm er sein Gepäck und stapfte davon, ohne sich noch einmal umzudrehen. Sina sah ihm lange nach. Irgendetwas stimmte nicht mit ihm, da war sie sich fast sicher. Als sie abends im Bett ihrer Pension lag, ging ihr dieser seltsame Fremde nicht aus dem Kopf.

Sie hatte in ihrem Reiseführer gelesen, dass hier, hinter dem Leuchtturm, die Zivilisation aufhöre und man allein mit der Natur sei; hier dürfe man nichts hinterlassen als seine eigenen Fußspuren. Auch dass man die Fülle dieser Landschaft mit allen Sinnen erleben könne, wenn man dazu bereit sei. „Bin ich bereit?", fragte sie sich und wurde neugierig auf sich selbst. Gleich am nächsten Morgen nach dem Frühstück wollte sie sich aufmachen, um die Gegend zu erkunden. Sie konnte es kaum erwarten und die Nacht kam ihr länger vor als gewöhnlich.

Das Frühstück war reichlich und sie packte das, was übrig geblieben war, in ihren Rucksack. Dann zog sie ihre Gummistiefel an und verabschiedete sich von Frau Rass, ihrer Pensionswirtin. „Passen Sie gut auf sich auf", schärfte diese ihr ein. „Halten Sie sich unbedingt von den Prielen fern. Die bilden sich verstärkt am Inselende, sie haben eine starke Strömung und sind äußerst gefährlich." Eindringlich erklärte sie weiter, dass sie bei auflaufendem Wasser zu einer Falle werden konnten, die einem den Rückweg abschnitt, und dass jeglicher Rettungsversuch vergeblich wäre. Wen die Strömung einmal im Griff hätte, den würde sie nie mehr freigeben. „Und denken Sie dran, immer bei einsetzender Ebbe ins Watt zu laufen, also dem Wasser hinterher, niemals vorweg. Das Wasser holt sie schneller ein, als Sie rennen können!"

Daran musste Sina denken, als sie jetzt am Ostheller stand. Mit der Tide war nicht zu spaßen, das hatte sie sich gemerkt. Ja, sie würde gut aufpassen. Langsam machte sie sich auf den Weg durch das unwirtliche Gelände, um den alten Muschelsauger zu sehen, der am Ende der Insel lag und der vor rund fünfzig Jahren bei dem Versuch, einem auf einer Sandbank aufgelaufenen Schiff zur Hilfe zu kommen, selbst hier gestrandet war. Das Schiff war bei der nächsten Sturmflut von allein wieder freigekommen, aber der Muschelbagger lag seitdem hier fest und rostete vor sich hin. Frau Rass hatte ihr davon erzählt. Es sei nichts wirklich Interessantes daran zu sehen, außer dass sich die Natur den alten Koloss allmählich zurückeroberte, indem sie ihn mit Muscheln überzog, hatte sie gesagt, aber alle Norderneyer waren der Meinung, seine Besichtigung gehöre zu einem perfekten Inselurlaub.

Den Blick fest auf den Boden geheftet, um nicht die schmalen Pfade zu übersehen, die den Weg wiesen, und die von hohem Dünengras überwuchert waren, setzte sie Schritt vor Schritt. „Eine sonderbare Landschaft ist das hier", fand sie, „so weit weg von allem." Genauso bedrückend und einsam, wie es in ihrem Inneren aussah. Wenn man hier die Orientierung verlor, war man verloren. Wie anders dagegen musste der entgegengesetzte Teil der Insel sein, wo es Geschäfte und Lokalitäten gab. Sobald sie eine Entscheidung wegen Tom getroffen hatte, würde sie sich das Stadtzentrum ansehen, aber das hatte noch Zeit, ihr lag ohnehin nicht viel an dem Trubel, den manche Menschen mit „Leben" gleichsetzten.

Ihre Gummistiefel machten schmatzende Geräusche, wenn sie tief in den feuchten Sandboden trat. Außer den brausenden Wellen in der Ferne und dem Möwengeschrei waren es die einzigen lauten Geräusche. Sie blieb stehen und atmete tief ein. Der Geruch von Algen und Dünengras stieg ihr in die Nase, und sie schmeckte die salzige Feuchtigkeit auf ihren Lippen.

Die vereinzelten dünnen Birken, die hier wuchsen, weil sie keine Ansprüche an den kargen, sandigen Boden stellten, bogen sich im Wind. „Sie haben sich wohl einfach den falschen Ort zum Wurzelnschlagen ausgesucht", fand Sina, „aber bestimmt hat sich die Natur etwas dabei gedacht." Nichts geschah schließlich ohne Grund, und junge Birken wurden dazu verwendet, als Pricken zu dienen. Bei ihrer Überfahrt ab Norddeich Mole zur Insel hatte sie die Bäumchen bemerkt, die im Wattenmeer als Seezeichen das Fahrwasser markierten.

Schreiend zogen Möwen vorüber und durchbrachen für einen Moment das Rauschen des Meeres, das zu ihr herüberdrang. Es musste ganz nahe sein, sie konnte es bereits riechen. Auf einer einsamen Dalbe hockte eine riesige Silbermöwe. Mit scharfem Blick fixierte sie etwas, das, halb mit Sand bedeckt, schnell wegkrabbelte. Plötzlich flatterte sie auf und stürzte sich auf das, was gerade vor ihr geflohen war. Ein lautes Klacken ertönte. Wie aus dem Nichts tauchten weitere Möwen auf, trotz der Aussichtslosigkeit, noch etwas von der Mahlzeit abzubekommen. Bald balgte sich ein ganzer Pulk hungriger Vögel um Futter, das längst nicht mehr da war.

Sina erinnerte sich an Hitchcocks Film „Die Vögel", den sie vor vielen Jahren gesehen und als unheimlich und bedrohlich empfunden hatte, doch schnell verscheuchte sie diesen Gedanken. Das Schiffswrack müsste sicherlich bald in Sicht kommen.

Auf einmal musste sie an den seltsamen, aber gut aussehenden Mann denken, der hier draußen sein Zelt hatte aufschlagen wollen. Wie hieß er noch? Armin? Vielleicht war er Vogelkundler, das würde erklären, warum er die Einsamkeit suchte. Sie hielt ihr kleines Fernglas, ein Geschenk von Tom zu ihrem letzten Geburtstag, dicht vor die Augen. Angestrengt hielt sie Ausschau nach irgendetwas, das ihr Armins Anwesenheit verraten würde, doch außer unendlicher Weite, Sand und Meer sah sie nichts.

Der Wind nahm jetzt zu, und die aufgewühlte Strömung brandete ans Ufer. Die Luft war klar und schon kühl, der Sommer ging allmählich zu Ende. Vorsichtig, um nicht in einen der Priele zu geraten, vor denen Frau Rass sie gewarnt hatte, näherte sie sich dem Meeressaum. Tief atmete sie die salzige und jodhaltige Luft ein, die sofort in ihre Lungen strömte. Sie fühlte sich frei wie lange nicht mehr und verfolgte die Flutwellen, von denen fast jede Seetang und Teer am Strand anspülte. Langsam ließ sie ihre Blicke über den Strand wandern. Plötzlich entdeckte sie etwas Braunes, das bruchstückweise aus dem Sand hervorlugte und aussah, als ob es hier nicht hingehörte. War das womöglich der Schlafsack, den Armin bei sich gehabt hatte? Ihr Herz klopfte schneller, als sie sich bückte, um den Sand abzustreifen. Doch das, was darunter zum Vorschein kam, war lediglich ein großes Stück Treibholz.

Sie nahm all ihren Mut zusammen und rief Armins Namen, wieder und wieder, doch sie bekam keine Antwort. Nur der Schall ihrer eigenen Stimme drang in ihre Ohren und das

Brausen des Windes, der an Stärke immer mehr zunahm und jetzt zu einer steifen Brise geworden war. Sie zog ihre Mütze fester über den Kopf und kniff die Augen zu, damit der Sand nicht hineinwehte, trotzdem bemerkte sie, dass nur wenige Meter entfernt eine Bö einen Gegenstand packte und über den Strand rollen ließ. Neugierig ging sie näher. Dann befreite sie das, was soeben Spielball des Windes geworden war, mit dem Fuß vom Sand und staunte nicht schlecht. Es handelte sich um einen Rucksack. Sie drehte ihn hin und her. Er war von undefinierbarer Farbe und ausgefranst. Und er war leer.

Ob das Armins Rucksack war? Und wo war dann das Zelt, das er bei sich gehabt hatte? Wollte er es nicht am Inselende aufschlagen, unter freiem Himmel? Vielleicht hatte sie aber auch etwas falsch verstanden, sie konnte sich nicht genau erinnern. Vielleicht war er auch gar nicht hier gewesen. Sina hoffte inständig, es wäre nur Einbildung, aber dann war sie sich sicher: Weiter draußen schaukelte etwas Dunkelblaues auf den Wellen. Doch sie konnte in dem Grau des Wassers auf diese Entfernung nicht genau ausmachen, was es war und wünschte, es wäre nur ein Stück Plastik und kein Stoff. Ein mulmiges Gefühl beschlich sie, denn sie wusste, dass Katastrophen sich langsam ankündigten. Zu Beginn waren es nur Kleinigkeiten, die sich nach und nach zum Unheil entwickelten, etwa wie ein loser Dachziegel vor einem heftigen Sturm oder ein Kratzen im Hals vor einer dicken Erkältung. Sie rieb sich die Stirn, um die bohrenden Schmerzen zu vertreiben, die der Wind in ihrem Kopf auslöste.

Lange stand sie unbeweglich und sah auf die See hinaus, wo das dunkle Etwas von den Wellen hochgehoben wurde und gleich danach wieder versank, so lange bis es aus ihrem Blickfeld verschwand.

Langsam drehte sie sich um. Die Stelle, wo sie eben noch gestanden hatte, war von Sand bedeckt. Der Wind hatte alle Spuren verweht.

Es war, als wäre nie jemand hier gewesen.

Heftig schüttelte sie den Kopf, um wieder klare Gedanken zu bekommen. Ja, morgen würde sie zum anderen Ende der Insel gehen und sich die Stadt ansehen.

Bild: Hansi Sondermann

New Wings

I am afraid to emerge
What felt like a prison at times
Was a cradle and a cocoon, as well
I learned to be with myself on my island of safety
Maybe much better than I should have

I do not feel ready to be back in the world
To shoulder more burdens
Speed up, spin out of control again
Cause that's what it was, at least sometimes
Peace, moderation was so hard won

I feel like an alien in so many ways
My wings feel too tender for outside
Too precious for dust, for grime and for speed
My former competence, treasured before, feels scary

When no one was there to hold me, I held myself
Being alone, by myself, with myself, made so much sense
I really don't know whether I can cope
With being alone, out there, once more

Butterflies are so fragile

Martina Scheible

Am Strand
Alexandra Grupe

Ein heftiger Windstoß zerrt an meinen Haaren und lässt mich erschaudern. Ich würde mir gerne einbilden, wie Pocahontas auszusehen, die auf einem Felsvorsprung steht und deren schwarzes Haar in der Brise anmutig um ihre Schultern weht. Doch in Wirklichkeit peitschen meine eigenen Haare mir wortwörtlich um die Ohren und wahrscheinlich ähnele ich mehr einem zotteligen Hund als einer schönen Indianerin. Die Farben des Windes - von wegen! Ich kann nur den grauen Schleier sehen, der den Himmel bedeckt, und die Sandkörner fühlen, die sich überall niederlassen und unangenehm zwischen meinen Zehen reiben. Die feuchtkalte Luft treibt mir Tränen in die Augen – oder sind es die Sandkörner?

Ich habe mich hier eigentlich hinsetzen wollen, direkt ans Wasser, mit einem Buch in den Händen, doch der Wind ist viel zu stark und der Sand viel zu kalt. Ich ziehe meine für das Wetter viel zu dünne Jacke enger und schlinge die Arme um meinen Oberkörper. Das Rauschen der stürmischen Wellen übertönt mein Seufzen. So habe ich mir das nicht vorgestellt.

Der Strand ist menschenleer, denn eigentlich ist es noch viel zu früh für Urlauber. Ich bin schließlich auch nur hier, weil ich momentan in einem Restaurant auf der Insel arbeite! Der Montag ist mein einziger freier Tag. Und natürlich macht mir ausgerechnet heute das Wetter einen Strich durch die Rechnung. Es ist wirklich zum Mäusemelken!

Ich atme tief durch und die salzige Luft füllt meine Lungen. Es ist angenehm, frei atmen zu können. Die Meeresluft wirkt

183

Wunder für meine allergiegeplagte Nase. So einsam hier zu stehen macht mich melancholisch, aber auf eine überraschend gute Art.

Im Restaurant ist es immer so hektisch und stickig. Alles muss schnell gehen.

Zack, zack, zack. Das Essen darf schließlich nicht kalt werden.

Ich bin an eine gleichmäßige und friedliche Geräuschkulisse, wie sie hier herrscht, gar nicht mehr gewöhnt, aber jetzt kann ich plötzlich wieder meine eigenen Gedanken hören. Niemand will etwas von mir, niemand erwartet etwas von mir. Ich kann einfach *sein*, zottelige Haare hin oder her. Es ist angenehm. Irgendwie ... entspannend.

Ich streife meine Schuhe und meine Socken ab – sie sind ohnehin voller Sand – und gehe ein paar Schritte vor, bis ins seichte Wasser hinein. Es umspült und liebkost meine Füße und lässt sie im Sand einsinken. Ich sollte aufpassen, dass ich mich nicht erkälte, aber in diesem Augenblick ist mir das herzlich egal.

Ich werde gleich gehen, den Bus zurück in die Stadt nehmen und mir in einem behaglichen kleinen Café eine heiße Schokolade bestellen. Aber eine Weile möchte ich hier noch bleiben, allein mit dem Meer und dem Sand und meinem Atem und meinen Gedanken, die so frei fliegen wie schon lange nicht mehr.

Bild: Adrienne Lochte

Der Hafen

Das tobende Meer der Gedanken,
die weit entfernten Standpunkte,
die wellenförmigen Kreise der Meinungen,
die Flut und Ebbe der Einsichten,
die Überflutung eigener Gefühle,
das Baden in erdachten Welten,
das Rudern zu unerreichten Zielen,
auf schäumenden Wellen dem Sturm entgegen.
Das Ufer weit, noch nicht in Sicht,
doch die Richtung scheint zu stimmen,
hin zum Hafen einer aufgetauchten neuen Insel.

Nevena Radeva

Bild: Samira Belmonte

Mulkin Island   *Petra Koslowski*

Nach unserem Examen waren wir dermaßen reif für die Insel, Jette und ich, dass wir einfach nur weg wollten. Wir sehnten uns nach einem weit entfernten Ort, fernab von Touristenmassen und überfüllten Stränden, ohne Internet und Mobilfunknetz, einem Ort, wo es nur uns gab und die Natur. Und wir fanden ihn: Mulkin Island im Nordwesten Schottlands. Eine andere Rucksackreisende, die wir in den Highlands trafen, gab uns den Tipp. Ursprünglich und unberührt sollte es dort sein, hatte sie gehört, beinahe archaisch. Die Fähre fuhr nur dreimal pro Woche, wir setzten an einem Dienstag über. Im Hafen fragten wir einen Arbeiter nach Unterkünften. Er kratzte sich am Kopf. Mulkin Island sei eigentlich nicht touristisch, es war zu abgelegen. Früher hatte es in der Nähe des Hafens eine ältere Dame gegeben, die Zimmer an Fischer vermietete, aber die war - „Gott habe sie selig"- vor Kurzem verstorben. Die Einzigen, die ihm sonst noch einfielen, waren Brenda und Brian. Sie besaßen ein kleines Häuschen, in dem ab und zu eine Familie aus Glasgow wohnte. Wir fragten ihn nach dem Weg, aber er meinte, das könnten wir mit den Rucksäcken unmöglich zu Fuß gehen. „Wenn ihr einen Moment wartet, fahre ich euch hin. Übrigens: Ich heiße Steve". Er reichte uns die Hand.

In seinem klapprigen Lieferwagen rumpelten wir durch die engen Kopfsteinpflasterstraßen des Ortes, vorbei an der Kirche, die sich auf einer kleinen Anhöhe etwas abseits befand. Dann stieg der schmale Fahrweg weiter an und endete schließlich auf einem Farmgelände. Als wir die Autotür öffneten, spürten wir den frischen, feuchten Wind, der vom

Atlantik herüberwehte und hörten das hundertfache Blöken von Schafen. Brenda wollte uns das Häuschen gern vermieten. Wir drucksten herum, dass wir erst wissen müssten, ob wir es uns leisten können, und sie sagte: „Was zahlt ihr sonst für eine Übernachtung? Das ist der Preis". Das Haus war ein Traum. Es war plüschig und altmodisch eingerichtet und vom Wohnzimmer hatte man Ausblick auf die offene Landschaft. Man sah rosarote Heide, grüne Hügel und am Horizont sogar ein kleines Stück vom Meer. Gegen Abend kam Brian, um uns Feuerholz für den Kamin zu bringen und uns zum Abendessen einzuladen. Es gab eine deftige Suppe mit Rüben und Hammelfleisch. Als die Teller gefüllt waren, senkten alle Familienmitglieder die Köpfe und falteten die Hände zum Gebet. Aus Höflichkeit taten wir es ihnen gleich.

In diesen Tagen ließen wir den ganzen Stress hinter uns. Wir machten lange Wanderungen über die Insel und ans Wasser. Nicht weit von der Farm gab es eine geschützte Bucht. Dort setzten wir uns auf einen der großen Gesteinsbrocken und sahen den Wellen zu, wie sie gegen die Kiesel plätscherten. Ein anderer Fußmarsch führte durchs Inselinnere zur Westküste, wo uns ein breiter, von Felsen durchbrochener Sandstrand erwartete. Er war schöner und wilder als die kleine Bucht, denn die Brandung rauschte hier mit voller Wucht heran. Doch alle Versuche, sich hinzusetzen, scheiterten an dem starken Wind, der uns schon nach wenigen Minuten auskühlte. So gingen wir einfach hin und her. Mal stemmten wir uns mit dem ganzen Körper gegen den Wind, mal breiteten wir die Arme aus, um mit ihm zu segeln, wie die Möwen über uns.

Als wir das erste Mal zum Einkaufen im Ort waren, kamen wir fast automatisch mit ein paar Leuten ins Gespräch. Man wollte wissen, woher wir kämen, fragte, wie uns die Insel gefalle und gab uns Tipps für den Aufenthalt. Auf diese Weise lernten wir nicht nur die Ladenbesitzer kennen, sondern auch die Postbotin und einen Fischer, der uns bei Gelegenheit die Robbenbänke zeigen wollte. An wem von ihnen es lag, dass sich die Nachricht von unserem Aufenthalt so schnell herumsprach, wussten wir nicht. Jedenfalls stellte sich uns, als wir am dritten Tag an der Kirche vorbeikamen, der Pfarrer in den Weg.

„Ah, die beiden Mädchen aus Deutschland. Wie geht's?", begrüßte er uns wie alte Bekannte und lud uns zum Tee ein. Wir folgten ihm ins Pfarrhaus, wo er uns in seine gute Stube bat, während er selbst in der Küche den Tee aufgoss. Dann kam er mit drei gefüllten Tassen und einer Schale Kekse wieder. Auch er wollte wissen, woher wir kämen und wie es uns auf die Insel verschlagen hatte. Als wir ihm erzählten, dass wir gerade unser Medizinstudium abgeschlossen hatten, horchte er auf. „Leute wie euch könnten wir hier gut gebrauchen", sagte er anerkennend. Ärzte und Lehrer gebe es zu wenige auf den kleinen Inseln, denn kaum jemand wolle in dieser Abgeschiedenheit leben.

„Aber es ist doch so schön hier", wandte Jette ein.

„Schön, aber einsam. Das hält nicht jeder aus."

„Dafür sind die Leute super nett", ergänzte ich.

„Ja, die Leute sind wirklich sehr nett", bestätigte der Pfarrer und nickte bedeutungsvoll. Bevor wir gingen, zeigte er uns noch die Kirche. Sie war ausgesprochen schlicht und einfach eingerichtet, und wir fanden, das passte gut zum Rest der Insel. Zum Abschied hob unser Gastgeber seine rechte Hand. Es war ein Gruß, sah aber fast so aus, als wollte er uns eine Art halben Segen erteilen. „Bis bald", sagte er. Wir antworteten: „Bis bald" und bedankten uns für den Tee.

Am Abend saßen wir am Kamin und malten uns aus, wie es wäre, auf Mulkin Island zu leben. Für immer. Es war nur ein Gedankenspiel, gleichwohl schien es nicht unmöglich. Wir beide könnten uns eine Praxis teilen, sinnierten wir. Jettes Freund, der auf Lehramt studierte, würde einfach mitkommen und an einer Schule unterrichten. Und ich müsste mich hier nach einem geeigneten Partner umsehen. Die Auswahl in Deutschland war zwar größer, aber das hatte mir bislang ja auch nichts genützt. Je mehr wir darüber redeten, umso konkreter wurden unsere Pläne und umso realistischer schien es, sie in die Tat umzusetzen. Am Ende schrieben wir noch ein paar begeisterte Postkarten, auf denen wir die Schönheit der Insel und die Gastfreundschaft ihrer Bewohner priesen.

Brenda hatte von Anfang an darauf bestanden, dass wir jeden Tag zum Essen kamen. „Ich koche sowieso und wir freuen uns über Gesellschaft". Auch wir waren gerne dort und gewöhnten uns schnell an ihre nahrhafte Hausmannskost und daran, dass die Verständigung oft schwierig war, denn sie hatte den heftigsten schottischen Akzent von allen. An einem Abend sagte sie beim Abschied etwas, das wir nicht gut verstanden. „Bis morgen" – und dann? Wir rätselten gemeinsam und versuchten die Puzzleteile zusammenzusetzen. Klar war nur die Uhrzeit: 9:30 Uhr. Jette meinte, Brenda wollte uns einen „Service" anbieten, ich wiederum hatte „Tee bei Alice" verstanden. Das alles ergab schon einzeln keinen Sinn und zusammen genommen erst recht nicht. Also gingen wir am nächsten Morgen um halb zehn hinüber, um noch einmal nachzufragen. Es war niemand zu Hause, deshalb schlossen wir gleich unseren Morgenspaziergang an. Auf dem Hinweg nahmen wir die Steintreppe, die an der Rückseite der Kirche zur kleinen Bucht hinunterführte. Von drinnen vernahmen wir brausende Orgelklänge und dazu einen so kraftvollen Gesang, dass man meinen konnte, die ganze Insel habe sich dort versammelt.

Auf dem Rückweg begegneten wir Steve mit seiner Familie. Fast hätten wir ihn nicht erkannt, weil er seine blaue Arbeitskluft gegen einen dunklen Sonntagsanzug eingetauscht hatte. Wir lächelten ihm zu, er aber wandte sich ab und schaute in eine andere Richtung. Etwas Ähnliches passierte uns nachmittags mit Alice und Roy, den beiden Ladenbesitzern. Als wir ihnen entgegenkamen, wechselten sie die Straßenseite und sahen uns nicht an. Noch dachten wir uns nicht viel dabei, vielleicht hatten sie einen schlechten Tag oder wollten ihre Ruhe haben. Doch als wir abends bei Brenda und Brian klingelten, öffnete uns niemand, obwohl wir Licht sahen und Stimmen hörten. Nach dem dritten Klingeln schlichen wir zu unserem Häuschen zurück und versuchten uns dort etwas aus Resten zu kochen. Gerade hatten wir den pappigen Toast mit Spiegelei heruntergewürgt, da klopfte Brian an unsere Tür.

„Es ist besser, wenn ihr abreist. Die Fähre geht morgen um elf.", sagte er mit tonloser Stimme. Dann drehte er sich um. Ich brauchte einen Moment, um mich aus meiner Erstarrung zu lösen und rief ihm noch hinterher: „Ja, OK, Brian. Aber – warum?" Doch ich bekam keine Antwort.

An diesem Abend redeten wir nicht mehr viel. Schweigend packten wir unsere Sachen und machten die Wohnung sauber, versuchten so wenig Spuren wie möglich zu hinterlassen. Am nächsten Morgen schulterten wir die Rucksäcke, warfen einen Umschlag mit Geld bei unseren Vermietern ein und gingen los. Auf dem ganzen Weg begegneten wir niemandem. Erst kurz vor dem Hafen kam uns der Pfarrer entgegen, der sich gerade eine Zeitung geholt hatte. Er nickte uns zu. Wenigstens er schnitt uns nicht. Wir hielten an und fragten, ob er wisse, warum man uns so plötzlich rausgeschmissen hatte. Erstaunt sah er uns an.

„Wisst ihr das wirklich nicht?"

„Nein."

„Warum wart ihr gestern nicht in der Kirche?"

„Tut uns leid, wir wussten nichts davon. Außerdem sind wir nicht gläubig."

Sein Blick wurde starr und leer. „Ich werde für euch beten", murmelte er und ging mit langen, eiligen Schritten davon.

Das Inselkinder-Lied

Alle meine Inseln
|: liegen weit im Meer. :|
Auf diesen Inseln war ich.
Sing mit, es ist nicht schwer.

Helgoland, Sylt, Borkum,
|: Finnhamn, Saaremaa. :|
Sieh doch mal im Atlas.
Wo findest du sie da?

Foto: Birgit Heymann

Schwimmen, Tauchen, Paddeln,
|: all das lieb ich so. :|
Am Strand den Tag verdaddeln
und lesen macht mich froh.

Hooge, Skye, Mallorca,
|: Fanø, Norderney, :|
auf Langeland und Alsen,
dort fährt mein Schiff vorbei.

Mit Kescher, Eimer, Schaufel
|: ziehen wir mal los. :|
Da liegt ein kleiner Bernstein.
Das Glück ist heute groß.

Auf allen meinen Inseln
|: ess' ich gerne Fisch, :|
morgens frisch vom Kutter,
mittags auf den Tisch.

Tjörn und Stora Dyrön,
|: Muhu und Taiwan, :|
Sizilien und England,
die steuern wir heut an.

Ja, die kleinen Schären
sehn |: grau und faltig aus. :|
Wir fahr'n Meerwasserkanu
und steigen auch mal aus.

Foto: Birgit Heymann

Pellworm und Wangerooge,
|: ringsum liegt das Watt. :|
In Götting'n spricht man Hochdeutsch,
doch da sprech' ich auch Platt.

Seestern, Austernfischer,
|: Wattwurm, Möwenschrei. :|
Der Wind bläst abends frischer:
Hab Schal und Mütz' dabei!

Denk ich an die Inseln,
|: hör ich Meer und Wind. :|
Wenn du sie auch so liebhast,
bist du ein Inselkind.

Zu singen nach der Melodie: Alle meine Entchen

Birgit Heymann

Eleftheria *Jonas Lohstroh*

Lange konnte Eleftheria an diesem Ort gut leben und genauso lange war ihr das Fenster in ihrem Zimmer egal gewesen. Es war nett zu haben, sicher. Aber seien wir mal ehrlich: Niemand wäre traurig gewesen, wenn es nicht dagewesen wäre. Man hatte ja noch die Tür.

Vor ein paar Wochen dann änderte sich alles. Schleichend zog es sich über die Lande wie eine ansteigende Flut, die einem Lebensplatz nahm. Eine Flut, die vieles und viele unter sich begrub. Im Angesicht des malmenden Rauschens der Wellen wurde es verboten, Leute zu treffen, Geschäfte zu betreiben, zur Schule zu gehen, ja, es wurde sogar verboten, auf Parkbänken Bücher zu lesen. Zum Schutz war vieles erforderlich, aber inzwischen wusste Eleftheria kaum noch, was sie eigentlich durfte.

Und so kam es, dass die Flut bis zu ihrem Zimmer anstieg, das inmitten des unsichtbaren Wassers stand. Sie blieb dort allein und schaute zu, wie das Fenster die Tür überholte, weil die massive Holztür ihren Sinn verloren hatte und man aus dem Fenster wenigstens noch auf die Welt außerhalb der Zimmerinsel sehen konnte.

In diesen Tagen bemerkte Eleftheria, was die Bedeutung all dieser Dinge verändern konnte. Sie selbst.

Insel der Schafe

So gern ich auch dort wäre,
alleine beisammen mit Pulloverschweinen,
wo Lämmer hüpfen,
Gestalten der Lebensfreude, in Erwartung des Regens,
die Insel meiner Träume unter mir,
abgetrennt vom Rest der Welt,
dort könnt' ich weilen und nichts tun und leben nur für mich.

So gern ich auch dort wäre,
weiß ich doch, kein Mensch ist eine Insel,
niemand lebt für sich allein.
Alleinsein ist nur in Gedanken keine Einsamkeit,
meine Insel nicht die Lösung,
und so muss ich bleiben, wo ich bin,
umgeben nicht von Meer und Weite,
sondern eingeengt, gezwungen und umringt.

Insel der Schafe,
dir sollte ich entsagen,
deinen Wiesen und Wellen, deinem schmalen Land und
deiner ewigen Weite.
Doch kann ich es nicht,
den Versuch muss ich wagen.
Ob ich je ankomme,
mag der Wind entscheiden
und meine verbliebene Kraft,
bis dahin werde ich rudern,
mit allem, was ich habe.

Malina Peter

Sizilien, meine Liebe   *Samira Belmonte*

Sizilien, dreigebeinte Meduse, Königin des Mittelmeers, wie sehn ich mich nach dir.

Nach deinen Wiesen und Feldern, nach dem Anblick deiner alten Olivenbäume und Artischocken. Wie fehlen mir deine Wege, auf denen wild der Fenchel wächst und deine mediterranen Mauern, in deren Ritzen sich die Kapern in die Sonne drängen und Kapuzinerkresse Farbtupfer auf dem warmen Grau verteilt. Wie imposant sind deine Kathedralen, in denen sich normannische Architektur und arabische Mosaiken die Hand reichen und Zeugnis von der Schöpferkraft des Menschen geben. Wie sehn ich mich nach deinen Orangenbäumen, deren Frucht im Februar nährender Nektar ist und nach den Pistazien und süßen Zitronen, die die Händler am Straßenrand feilbieten. Wie sehr fehlen mir der Saft der frischen Kaktusfeigen und die Gesichter der Menschen. Wie sehr hat dein Cefalù mein Herz gewonnen, mit seinen schmalen Gassen und dem Bildhauer, der die liebreizendsten Figuren aus ihrer hölzernen Hülle befreit.

Wie ich mich sehne nach dir!

Nach deinen Kakteen und der wilden Aloe, nach deinen Menschen, die mich nicht für eine Fremde halten, und wie sehr sehne ich mich nach deinem goldenen Glanz, weil die Sonne am schönsten auf dich scheint.

Oh Sizilien, meine Königin, du fehlst mir so und eines Tages sollen mich die Wellen wieder an deine Ufer spülen und mein Herz kann endlich zur Ruhe kommen.

Ich

Ich bin eine Insel.
Stieg stumm aus dem Meer.
Mein grünes Herz
wächst langsam aus starrendem Stein.
So warte ich, warte
auf einzelne Nüsse, die manchmal
die Strömung mir bringt, ich warte
auf Vögel im Sturm.
Eine Welt will ich werden
voll Singen und Flattern
und Rascheln im Laub, will Nest sein und Dschungel.

Und kenn doch noch nichts, als
das schweigende Meer.

Ruth Finckh

Philemon und Baucis *Hansi Sondermann*

Beatrice de Clerk blickt aus dem Fenster: Sämtliche Nachbarhäuser, Gründerzeit- und Jugendstilvillen, von Stahlkugeln zertrümmert, ihre Fundamente mit Dynamit weggesprengt; Gebäude mit stabiler und gesunder Bausubstanz, die sogar die heftigsten angloamerikanischen Bombardements überstanden haben. Sie mussten den Banken- und Versicherungstürmen weichen, die in Kürze auf diesem seit 100 Jahren bestehenden Wohngebiet errichtet werden.

„Ein Jammer, diese Zerstörung mit ansehen zu müssen. Jeder Schlag der Stahlkugel, die Wand für Wand des Nachbarhauses zertrümmert hat – wie ein Schlag in die Magengrube. Es hat mir das Herz zerrissen!"

Die Villa Stein, in der Bea und Philipp de Clerk vierzig Jahre lang gewohnt haben, ist das letzte Gebäude im Quartier, das noch steht, bevor es auch dem Erdboden gleichgemacht wird.

„Wie eine Insel", sagt Bea, „mitten im Trümmermeer."

Sie sieht Phil an, der auf einer geschlossenen Bücherkiste sitzt und liest.

„Wobei ich denke, auch jeder von uns ist eine Insel", sagt sie seufzend.

„Du bist ja wieder so metaphorisch", sagt Phil, indem er sein Buch weglegt. „Dazu aber Widerspruch, liebe Bea; niemand von uns ist eine Solo-Insel. Wir bilden ein schwimmendes Insel-Paar, das eng nebeneinander liegt, sich gern berührt, hin und wieder auch ebenso gern voneinander löst oder abstößt."

„Das hast du noch bildhafter formuliert, Phil. Wir hätten sogar einen Archipel bilden können."

„Das Thema bitte nicht mehr, Bea. Oder willst du wieder weinen?"

Bea und Phil de Clerk haben es endgültig, dass sie ihre Wohnung in der Villa Stein verlassen müssen; dieses architektonische Juwel aus der Hoch-Zeit des Jugendstils, mit dem weinlaubumrankten Art-Nouveau-Fries, dessen Blätter jetzt im Herbstlicht blutrot leuchten.

Aller Widerstand vergeblich. Die friedlichen Hausbesetzer, junge extrem linke Studenten, nach heftigen Schlägereien mit der örtlichen Polizei von hinzu geholten BGS-Trupps vertrieben.

Der Eigentümer der Villa, Cäsar Flinthrop, Direktor einer europäischen Großbank, hat das Haus an eine Planungs- und Investitionsgesellschaft verkauft; das vermutlich zu einem horrenden Preis. Obwohl mit Bea und Phil de Clerk allzeit in sehr gutem Einvernehmen und seit vielen Jahren ohne Mieterhöhung, hat Flinthrop die beiden über den Verkauf des Objektes nicht informiert. Auch hat er ihnen nicht, wie von ihnen erwartet, eine ebenso mietgünstige wie anspruchsadäquate Wohnung angeboten oder vermittelt, womit er sie hat im Regen stehen lassen.

„Auch das wieder ein Beispiel für das Instabile menschlicher Beziehungen", sagt Phil.

Zur Vertreibungsstrategie der Investitionsgiganten gehörten Lärmüberflutungsterror und Stürme des Abbruchstaubs, der eine dicke Mehlschicht auf die Fensterbretter gelegt hat, weshalb Bea und Phil gezwungen waren, die tagsüber geschlossenen Fenster nur nachts zu öffnen, was aber nicht den beißenden Geruch des Kalkstaubs verhindert hat. Sämtliche Zimmerpflanzen – *Satsuki Azalee, Strelizia reginae, Alocassia* und ... und – haben sie rechtzeitig einer Seniorenresidenz geschenkt, darauf hoffend, dass ihre wertvollen Gewächse dort so gut wie von ihnen hier gepflegt werden.

Seit seiner Doktorarbeit war Philipp de Clerk als sogenannter Privatgelehrter auf fast allen kulturellen Feldern forschend tätig. Sein Oeuvre umfasst, um nur einige Beispiele zu nennen, eine umfängliche Abhandlung über Conrad von Zaberns *Novellus musicae artes tractatus* – ein musikwissenschaftliches Hauptwerk des Mittelalters; außerdem eine heiß-diskutierte Interpretation des *Canto V* aus dem *Inferno* der *Divina commedia* Dantes, worin er auf die dialektische Spannung abhebt, die zwischen der Gerechtigkeit und der Barmherzigkeit Gottes besteht. Auf bildkünstlerischem Gebiet gibt es von ihm eine beachtenswerte Betrachtung des Ölbildes, „Engel im Werden" von Paul Klee, und mehrere Essays über dessen mehr als achtzig Engelzeichnungen, in denen Phil etwas Gebrochenes sieht, Sinnbilder der noch immer unfertigen Schöpfung. Diese Arbeiten hat er überschrieben mit dem jüdischen Sprichwort:

Man weiß erst dann, ob man einem Engel ins Gesicht geschaut hat, wenn er wieder gegangen ist.

Das akademisch-kommerzielle Interesse an Phils Forschungsergebnissen war ebenso schmal wie das Vortragsangebot, was sich denn auch finanziell ausgewirkt hat. Das im Kontrast zu den aufwändigen Forschungsarbeiten, noch weit mehr aber im krassen Gegensatz zum sehr anspruchsvollen Lebensstil der de Clerks.

Beides konnte Phil jedoch lange Zeit auf der Basis eines ansehnlichen Rittergut-Erbes finanzieren.

Bis zu dem Zeitpunkt, an dem die Gutsverwaltung die Erbzahlungen beendet, und sein sympathischer Bankberater ihm mit Bedauern erklärt hat, dass seine Liquiditätsspielräume restlos ausgeschöpft seien und die Darlehen wegen der Zins- und Tilgungsrückstände gekündigt und fällig gestellt werden müssten, was zur Folge habe, dass – falls nicht noch Hilfe von fremder Seite komme – die sicherungsübereigneten Teile der kostbaren Einrichtung in Kürze zur Verwertung abgeholt würden.

Alle Einkünfte, auch Beas Honorar aus ihrer freiberuflichen Arbeit in einem pharmazeutischen Labor, wurden, abgesehen von den extrem hohen Lebenshaltungskosten, in exquisite Kunstwerke, vor allem in mehrere tausend Bücher angelegt. Weshalb in sämtlichen Wohnräumen nicht eine Tapete zu sehen war; sämtliche Wände bis zur Zimmerdecke vollgestellt mit Büchern, selbst die Türen und Türstürze buchgerahmt. In einer altarähnlich gestalteten Ecke des Salons standen Phils Buch-Ikonen, neben ausgesuchten Werken globaler Lyrik das Gesamtoeuvre von Thomas und Heinrich Mann, Robert Musil und Hermann Broch, alles teure Erstausgaben.

Jetzt steht das gesamte Buchkapital in mehrere Kisten verpackt im Flur. Phil hat seinen Buchbestand den Kulturbibliotheken der Universität, dem Antiquariat Mauritius, der katholischen Bücherstube und der Bücherei seines alten Gymnasiums vermacht; die literarischen *Filetstücke* wurden ebenfalls der Bank als Kreditsicherung übereignet; sie werden mit den *Perlen des Interieurs* das Haus verlassen.

In der sträflich naiven Annahme, dass die Erbgelder unentwegt fließen würden, haben beide nicht an eine Altersrücklage gedacht. Folglich korreliert der Verlust ihrer Wohnung mit der privaten Insolvenz.

Bea und Phil de Clerk haben schon vor ihrem umgebungsbestimmten Inseldasein eine quasiinsulare Existenz geführt, gekennzeichnet durch kulturelle Exklusivität und selbstgewählte gesellschaftliche Isolation. Sie haben sich ihre Kleidung maßgerecht schneidern lassen, entgegen jeder Tagesmode. Phil hat nicht nur an Sonnentagen gern eine *Maurice-Chevalier-Kreissäge* getragen, während Bea oft und gern extravagante *neoantike* Kleidungsstücke aus ihrem Textildepot gefischt hat.

Beide sind permanent gegen den Mainstream geschwommen, waren schon immer generell gegen jede herrschende Meinung auf kulturellem Feld.

Und sie haben ihre Art zu leben, ohne an die Konsequenzen zu denken, als einen – für sie gültigen – Idealzustand empfunden. Jetzt jedoch spüren sie wuchtartig, dass ihr Lebensstil keine Zukunft mehr hat, dass sie, statt in einer Feudalwohnung wie bisher, demnächst in einer engen Hochhauswohnung im sechsten Stock landen und auch enden werden. Was bei Bea und Phil eine bleischwere Depression auslöst.

Phil hält abwägend, als ob er nicht weiß wohin damit, eine der bibliophilen Kostbarkeiten in der Hand.

„Nein!", ruft er plötzlich, für ihn ungewöhnlich laut „Das Thema Bücher ist out! Soll der Rest – wenn auch von Schmerzen begleitet – an die Bank oder ins Krematorium." Mit diesen bitter klingenden Worten wirft er den literarischen *Edelstein* in eine der noch nicht geschlossenen Bücherkisten.

„O, Phil!" Bea zeigt, wie sie mit ihm leidet.

„Ich habe vorab, auch in deinem Sinn wie du weißt, über das für uns noch frei Verfügbare so entschieden, weil ich, was sicher sein dürfte, vor dir sterben werde", sagt er, indem er mit einer abschiedsschweren Geste auf das eingepackte Ensemble zeigt.

„Was redest du da, Phil; ich werde vor dir ... nein, ich möchte mit dir zusammen sterben, auf natürlichem Weg oder ... wie wir es jetzt schon oft angedacht haben."

Die Dämmerung wächst ins Zimmer. Bea hat einen lederberückten Band in der Hand.

„Hast du doch noch ein Buch herausgefischt, Bea? Was liest du?"

„Ich blättere in Ovids *Metamorphosen;* sie lagen noch oben in der Kiste. Ich liebe diese wundervollen mythologischen Storys, den Stil, den Witz, die Anmut."

Phil zieht eine *Gauloises bleu* aus der Packung, steckt sie aber schnell wieder zurück.

„Was ich dir vorhin schon sagen wollte, Phil: Wenn du magst, kannst du gern hier drin rauchen! Ich sehe doch, wie es in dir rumort." Phil ist erstaunt. Rauchen in der Wohnung: Bisher absolut verboten! Allenfalls im Wintergarten, aber auch da nur ausnahmsweise; sonst auf einem der Balkons, selbst bei Regen, Wind und Kälte.

„Deine Großmut überwältigt mich, Bea! Ist sie darin begründet, dass du antike Literatur liest?"

„Deine Ironie war mal besser, Phil. Es ist unsere Situation, die mich tolerant macht. Die Wände sind leer, die buchverdeckt gewesenen Tapeten vergilbt, verstaubt, rissig. Alles wirklich zum Abbrechen."

„Apropos Metamorphosen ..."

Phil sieht die versilberte Eichel und das silberne Lindenblatt auf der Interieur-Kiste noch unverpackt stehen. Stücke, die er Bea zum erfolgreichen Abschluss ihres Pharma-Studiums geschenkt hat, verbunden mit einem Begleittext zur antik-literarischen Bedeutung des botanischen Silbers.

„Wenn du die Wahl hättest: In welches Wesen würdest du dich gern verwandeln oder würdest du gern verwandelt werden?" Bea schweigt eine Weile. Dann sieht sie Phil mit ihren hellwachen graublauen Augen an und sagt leise:

„Was für eine Frage! In dich, Phil. Ich möchte wie du ... ich möchte du ... ich möchte eins mit dir sein." Sie sagt es sehr ernst, während sie ihr Buch zur Seite legt und den restlichen Tee in Phils Tasse gießt, der ihr gegenüber im abgewetzten Sessel sitzt und mit seiner Zigarettenpackung spielt.

In ihren Augen ist nicht eine Spur von Ironie zu sehen. Als Phil ihren Blick erwidert, errötet sie etwas, wobei sich eine Miniträne aus ihrem Augenwinkel löst und langsam über ihre Wange rollt.

Eine Miniträne, mehr nicht. Phil nimmt Bea sanft in die Arme, tief gerührt von ihrem Bekenntnis. Im Grunde hat er keine andere Antwort erwartet und eine gleichlautende Gegenantwort auf der Zunge.

Er rückt wieder etwas von Bea weg und betrachtet sie. Das Licht der Leselampe wirft einen goldenen Schein auf ihr Gesicht.

Sie ist noch immer schön; zeitlos schön. Und sie hat noch immer eine schöne ... eine altersschöne Haut. Sie hat sich sehr gepflegt, hat aber nie diese lügenden und selbstbetrügenden brutal-chemischen Kosmetika benutzt, sondern nur einfache, natürliche Mittel genommen, sich deshalb auch nie ihrer Falten geschämt, ihrer „Zeitzeichen". Die ihr eine Vor-Würde des Alters geben. Ob sie ähnlich über mein Aussehen denkt? Wobei meine Visage eher einer rissigen Landkarte gleicht.

Der Tag hat sich bereits dem Ende zugeneigt. Bea und Phil haben – auch die Küche ist verarmt – ein spartanisches Abendessen genossen, nur Obst zu einer kleinen Restkäseplatte, dazu aber einen trockenen Rheingau-Riesling 1955er Rauenthaler Baiken Auslese. Die letzte Flasche. Aus dem sonst überaus üppigen – und teuren Weinkeller. Dazu die ebenfalls letzte *Gauloises bleu.*

Beide sind festlich gekleidet, als wären sie auf dem Weg zu einem Konzertbesuch. Die gepackten Koffer geplündert – Phil im Smoking und Seidenhemd mit schwarzem Querbinder, Bea im silbergrauen Abendkleid, vorn hochgeschlossen, in der Mitte ihres Rückendekolletés ein silbergrauer *Edelstein*, ein Diamant, aus der Asche ihres tödlich verunglückten Bruders.

Ein seltsames Bild: Die beiden nobel Gewandeten in diesem Abbruch-und Aufbruch-Szenario, wie vor einer Flucht.

Auch was ihre musikalischen Vorlieben betrifft, sind Bea und Phil de Clerk *Insulaner.* Von der Nachnazizeit geprägt, hören sie vorwiegend Neue Musik, nicht nur die Klassiker Schönberg, Bartók, Hindemith, Strawinsky, sondern auch Hans Werner Henze, Luigi Nono, Pierre Boulez und andere.

Es ist das letzte Mal, dass sie in ihrer Wohnung Musik hören. Ihre Wiedergabegeräte, nach neuestem technischem

Stand, haben sie dem musikwissenschaftlichen Seminar der Universität übereignet; sie sollen morgen abgeholt werden. Der von ihnen sehr oft bespielte *Bechstein*-Flügel ist bereits dort.

Phil geht zur Musikanlage und legt eine LP auf. Alban Berg: *Das Konzert für Violine und Orchester – dem Angedenken eines Engels,* das letzte Werk des sterbenskranken Komponisten, vom Flügelschlag des Todes durchzittert. In der zwölftönig komponierten Musik zitiert Alban Berg unter anderem eine liebliche Kärntner Liederweise, als Gegensatz dazu den ernst-strengen Bach-Choral *„Es ist genug".*

Obwohl diese Musik für sie nichts Neues ist, sind beide sehr bewegt, Phil ist einem ungewöhnlichen Gefühlsausbruch ausgeliefert. Bea nimmt seinen Kopf in ihre Hände und küsst ihn auf die Stirn.

„Bitte, jetzt nicht mehr rauchen, Phil. Dein Atem soll rein sein, wenn du mich küsst. Hast du den Schlaftrunk genommen, den ich dir hingestellt habe?"

„Ja, und du?"

„Ich bin bereits müde. Aber komm noch zu mir! Ganz nah!"

„Was möchtest du?"

„Ich möchte nur von deiner Stimme berührt werden. Erzähle mir von uns ... von früher ..."

Sie liegen nebeneinander, noch immer wie zuvor angekleidet, ihre Hände ineinander geschmiegt, nur Erinnerungen tauschend.

„Es ist verdammt aufregend, Bea, mit dir nicht ... schläfst du bereits?"

„Bin gleich ...“

„Denk an Amrum ... unsere Insel ... an den wahnsinnigen Sommer zweiunddreißig ... an die ...!“

„Es ist ... genug!“

Am Morgen werden ihre Särge abgeholt, keine Blechbehälter, obwohl die Toten in die Gerichtsmedizin müssen, sondern Holzsärge bester Qualität, vorsorglich schnell von Cäsar Flinthrop veranlasst, der schon sehr früh informiert wurde, ein überraschender, vielleicht ein verspäteter entschuldigender Akt.

Der den Totenschein ausstellende Arzt Dr. Mansfeld hat gesagt, der Anblick der Toten habe ihn an das marmorne Hochgrab im Bamberger Dom erinnert, auf dem Kaiser Heinrich II. und Kunigunde liegen, eng nebeneinander, aber ohne sich gegenseitig zu berühren. Bea und Phil de Clerk haben sich, im Gegensatz zum Kaiserpaar, an der Hand gehalten.

Ein Fahrradbote versucht, einen versiegelten, an Bea und Phil de Clerk adressierten Brief den Empfängern auszuhändigen. Der Brief wurde abgesandt von Dr. Tadeusz Silbersteyn, Côte de la Montagne II, Québec. Das Schriftstück wird zunächst vom Polizeibeamten vor Ort angenommen.

Die später amtlich verfügte Öffnung des versiegelten Briefes hat folgenden Inhalt:

Liebe Beatrice, lieber Philipp de Clerk!

Aufgrund Ihres mir leider erst jetzt bekannt gewordenen Wohnungs-problems bitte ich Sie sehr herzlich, die Wohnung im 1. Stockwerk meiner Gründerzeitvilla im Weinberg oberhalb der Stadt zeitlebens zu benutzen, das kostenlos, die Energiekosten inbegriffen. Außerdem erhalten Sie von mir eine monatliche Zahlung in Höhe von

zurzeit 1800,- DM.

Dieses ist ein verspäteter Dank für Ihre Hilfe in „böser Zeit". Sie beide, damals um die 30 Jahre, trotzdem Nazigegner, haben nach der Kristallnacht 1938 meine inzwischen verstorbenen Eltern, den Textil-kaufmann Salomon Silbersteyn und dessen Frau Rebekka, monatelang in einem Wochenendhaus versteckt, das in einem weit von der Stadt entfernten Wald lag, es gehörte Ihren damals bereits verstorbenen Verwandten. Sie haben meine Eltern mit Lebensmitteln und Geld versorgt, bevor Sie ihnen unter Ausnutzung Ihrer Kontakte zu befreundeten Helfern die Flucht nach Kanada ermöglicht haben.

Ich war vor einiger Zeit in der Stadt meiner Eltern, dies jedoch nur, um ihre gottlob unzerstörte Villa zurückzubekommen, was mir erst nach zäh-flüssigem Rechtsstreit gelungen ist.

Ich hoffe aber, Sie irgendwann einmal zu sehen und kennenzulernen. Seien Sie beide von Gott gesegnet.

Herzliche Grüße

Ihr Tadeusz Silbersteyn

„Dies ist ein Fall, der an makaberer Ironie nicht zu überbieten ist. Mir in meiner Praxis noch nie begegnet", sagt Dr. Münster, Leiter des Nachlassgerichtes. „Mangels Erben und Erbverfügung fallen die wenigen noch pfändungsfreien Vermögensteile der Eheleute de Clerk an den Fiskus." Das war´s.

Bild: Adrienne Lochte

„Schön, dich mal wieder hier zu sehen, Tammo", sagte Klaas Thiede aus Norden, der die nach den Einsparungsmaßnahmen übriggebliebene halbe Pfarrstelle auf Baltrum ausfüllte.

Anstatt einer Entgegnung nickte Tammo ihm nur kurz zu.

„Ich komm morgen mal bei dir vorbei", kündigte Klaas an. „Mein Rad ist kaputt. Kannst du dir das mal ansehen?"

„Das mach man", bestätigte Tammo den Termin wortreicher, als er es gewöhnlich tat.

Tammo war, so könnte man sagen, das technische Faktotum der Insel. Ob ein Bollerwagen oder Fahrrad seinen Dienst versagte, ein Abfluss in der Küche oder im Bad verstopft oder eine Wasserleitung undicht war, Tammo wurde gerufen und half. Er besah sich den Schaden schweigend, knurrte ein wenig zum Zeichen, dass er eine Lösung wusste, und machte sich wortlos an die Arbeit. Erst dann verriet er, was sein Auftraggeber zu zahlen hatte. Darauf ließ sich jeder ein, der Tammo kannte, denn noch nie hatte sich jemand von ihm übervorteilt gefühlt. Rechnungen oder Quittungen stellte Tammo nicht aus, aber einen Korn nahm er zum Abschluss gern, wenn der Auftraggeber sich mit ihm an den Tisch setzte. Danach erhob sich Tammo schweigend, tippte zum Abschluss kurz mit dem Finger einer Hand an den Schirm seiner Mütze und verließ das Haus.

„Jo, dat is kaputt", bestätigte Tammo, als er das Fahrrad des Pfarrers sah. „Dann bis Donnerstagnachmittag."

Klaas steckte, bevor er sein repariertes Fahrrad abholte,

eine kleine Flasche voll gutem Korn und zwei Schnapsgläser in seine Umhängetasche.

„Oh, der is gut!", brummte Tammo anerkennend, als Klaas ihm die Flasche zeigte.

„Was ist denn das da?", fragte Klaas und deutete auf ein erkennbar sehr altes Fahrrad, das an der Wand stand. „Ist das für das Inselmuseum?"

„Jo, da kommt das sicher mal hin", antwortete Tammo.

Klaas, der schon hatte aufbrechen wollen, machte es sich auf dem Stuhl wieder bequem und hoffte, eine der vielen Baltrumer Anekdoten zu hören zu bekommen.

Aber Tammo blickte nur stumm vor sich hin.

„Zu dem Rad gibt es doch sicher eine Geschichte?", fragte Klaas.

„Jo", bestätigte Tammo, machte aber keinerlei Anstalten, mehr von sich zu geben.

„Na, denn Moin!", brummte Klaas entmutigt und wollte die Werkstatt verlassen.

„Setz dich hin", hielt Tammo ihn zurück. Klaas setzte sich, stellte die Flasche und die beiden Schnapsgläser auf den Tisch, und Tammo legte los: „Du kennst doch Jan."

„Ja, unser Polizist", bestätigte Klaas. „Den meinst du doch, oder?"

Tammo nickte. „Dem gehört das Rad".

„So'n altes Rad?", fragte Klaas verwundert. „Was will der denn mit dem Schrott?"

„Das hab ich repariert", protestierte Tammo. „Kann man noch mit fahren."

„Bei dem alten Ding lohnt sich doch keine Reparatur",

meinte Klaas abschätzig.

„Doch, denn das gibt Jan nicht her", fuhr Tammo fort. „Das ist ihm heilig."

„Warum das denn?", wollte Klaas wissen.

„Das ist eine lange Geschichte", antwortete Tammo, machte aber keine Anstalten, weiterzusprechen, sondern blickte nur schweigend die Flasche Korn an, die vor ihm auf dem Tisch stand.

Klaas öffnete die Flasche, holte beide Schnapsgläser aus seiner Tasche und schenkte sie voll.

„Auf Baltrum gibt es ja keine Autos, bis auf die Feuerwehr und den Krankenwagen", fing Tammo an zu erzählen. „Damals, als Onno hier Polizist war, hatte sogar nur die Feuerwehr ein Auto. Aber Onno wollte auch eins. Besonders bei Gegenwind - den haben wir ja immer - war ihm das Laufen zu mühsam. Tjark Walke war damals Bürgermeister. Dem war das Thema zu schwierig. Das sollte der Gemeinderat entscheiden. Vom frühen Nachmittag bis zum Abend tagte der Gemeinderat nur über den Antrag von Onno und hatte bis zum Abend noch keine Lösung. Tjark entschied, die Sitzung bei Thorsten, dem Wirt fortzusetzen. Bei einem anständigen Essen mit Korn und natürlich viel Bier, weil man den Korn ja nicht so trocken herunterwürgen könne, würden sie eine Lösung finden. So war es denn auch. In den frühen Morgenstunden stand der Beschluss, an den sich, hätte ihn Tjark nicht mit unsicherer Hand aufgeschrieben, am nächsten Morgen wohl niemand mehr hätte erinnern können. Nein, ein Auto sollte Onno nicht kriegen, aber ein Pferd. Reiten müsste er dann eben lernen. Das würde ihm schon jemand beibringen."

Tammo lehnte sich erschöpft zurück und leerte das Schnapsglas, das Klaas ihm gefüllt hatte. Er konnte sich nicht daran erinnern, jemals so lange geredet zu haben.

Aber Klaas hatte noch nicht genug. „Was hat das alles mit dem alten Rad zu tun?", fragte er.

„Ist doch klar, Mann", lachte Tammo. „Eines Tages war das Pferd tot, und Onno wollte ein neues. Aber Hinnerk, der inzwischen Bürgermeister war, hatte keine Lust auf noch mal so eine lange Sitzung des Gemeinderats und entschied: Onno bekommt ein Rad. Das war Onno recht. Er gab ihm den Namen, den er auch dem Pferd gegeben hatte: Senta. Seit Onno in Pension ging, fährt nun Jan, sein Nachfolger als Ppoizist die Senta."

Tammo unterbrach wieder seine für ihn sehr lange Erzählung und horchte auf ein Geräusch an der Tür.

„Da kommt sicher Jan und holt sein Rad", sagte er.

Die Tür wurde geöffnet und der Polizist ging direkt auf das alte Rad zu.

„Bist wieder schön, Senta, min Deern", sagte er, blätterte Tammo den verlangten Betrag auf den Tisch, grüßte kurz, schob das Rad aus der Werkstatt, schwang sich auf den Sattel und stemmte sich gegen den Wind, als er um die Ecke bog.

Max auf Baltrum war für diese Geschichte eine wichtige Inspiration, aber auch nicht mehr, denn „Tammo" ist im Übrigen ebenso frei erfunden wie die anderen Personen.

Dank

Für die organisatorische Unterstützung des Tandem-Projekts und die Möglichkeit, sie als Studienleistung im Schlüsselkompetenz-Bereich anerkennen zu lassen, danken wir der Philosophischen Fakultät und insbesondere unserem unschätzbaren Helfer und Berater Matthias Kracht.

Weiter danken wir dem Autor Heinrich Detering für die Abdruckgenehmigung zu *„auf Selkirks Insel"* herzlich.

Die Autorinnen und Autoren

Jonas Richter

Alexandra Grupe

Michael Groß

Julia Lubschik

Adrienne Lochte

Gernot Sander

Nevena Radeva

Hans-Jochen Hüthing

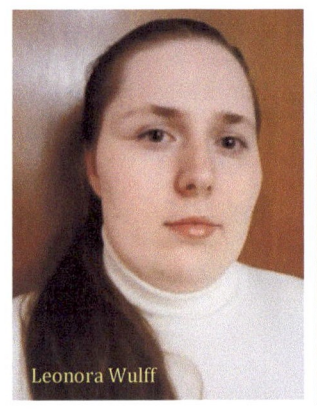

Leonora Wulff

Birgit Heymann

Gabriele Gaba Weis

Hansi Sondermann

Jonas Lohstroh

Martina Scheible

Mirjam Elisa Ritz

Petra Koslowski

Helga Margenburg

Ruth Finckh

Manfred Kirchner

Albrecht Thiel

Samira R. Belmonte

Lisa Neumann

Malina Peter

Frauke Twiehaus-Fischer

Claudia Liersch